課題設定の思考力

東大エグゼクティブ・マネジメント

THE EXECUTIVE MANAGEMENT OF THE UNIVERSITY OF TOKYO

東大ＥＭＰ
横山禎徳［編］

東京大学出版会

The Executive Management of the University of Tokyo:
Thought Capacity for Agenda-Shaping

The University of Tokyo Executive Management Program
and
Yoshinori Yokoyama, Editors

University of Tokyo Press, 2012
ISBN 978–4–13–043051–7

はじめに――世界に先駆けて、新たな課題の設定へ

東京大学は先端的な知、そしてそれを担う思考力の集合体である。その最前線を知ることは大変刺激的であるに違いない。そこで東大で活躍する六人の研究者にインタビューを行い、それを一冊にまとめたのが本書である。

この六人の方々は実は、東大エグゼクティブ・マネジメント・プログラム（東大ＥＭＰ）の講師である。東大ＥＭＰでは常時、一五〇人ほどの先生方が講師として関わっているが、その中からご登場いただいたわけである。このプログラムの企画・推進責任者である筆者が普段からよく議論をさせていただいている方々でもある。

東大ＥＭＰは二〇〇八年一〇月に社会人を対象に開講した。将来の組織の幹部になる可能性のある四〇代の優秀、かつ多様な分野の人材を主たる受講生としている。常に二五人以内に限定し、春季、秋季の年二回、金曜日、土曜日の終日を活用した六カ月のプログラムである。エグゼクティブ・マネジメント・プログラムと名付けているが、ビジネス・スクールでもないし、高級カルチャー・センターでもない。その両方が満たしていないものを扱いたい

というのがこのプログラムの狙いである。「唯一無二」という傲慢な標語を決め、それを何とか達成できないかと努力している。「世界のどこにおいても堂々としていて存在感があり、流暢でなくても自己表現ができ、思考の基軸がしっかりして公共精神も持っている、確かな知識に基づいてその場をリードし、文化の相違を超えて人を引きつける魅力のある人物」、このような全人格的な能力を備えた人物を育成することがいま、日本にもっとも必要であると思われる。東大ＥＭＰはそのような人材育成を目指している。

そのために欠かせないのは伝統的な「教養」の定義を超えた、強靭な「知」と「思考」の最前線を知ることである。すでにわかっていることを教えるのではなく、いま、わかっていないことは何であり、それにどうアプローチしようとしているか、それをプログラムでは語ってほしいと講師陣にはお願いしている。その内容がまさに、いまの時代が要求している先端的な知であり、それを支える思考能力であるはずなのだ。本書は、こうした東大ＥＭＰのエッセンスの一部を再現しようという試みである。

本書でインタビューしたのは、世界レベルで研究の成果をあげてきた方ばかりである。その分野は、発生生物学、老年学、銀河天文学、中国哲学、物性科学、言語脳科学とさまざまで、どの方も実に個性的である。それに対して、聞き手である筆者は、東大ＥＭＰで活動すると同時に、社会システム・デザイナーとして住宅供給システムや医療システムをはじめとして多様な社会システムの開発に取り組んでいる。まずは建築デザイナーから出発して、後にマッキンゼー・アンド・カンパニーで経営コンサルティングに従事したキャリアを持つ。

このように本書は、学問ではなくビジネスおよびデザインの世界で経験を積んできた筆者が、六人の方々の先端的な知や思考について伺ったものである。当然ながら研究者の関心とは異なった内容になっていて、彼らが卓越した成果をあげられたのはなぜか、どのような思考や方法論を形成してきたのか、その背景にはいったい何があったのか、そのような点が、インタビューの主眼となっている。

＊

奇しくも、このプログラム開講のちょうど一カ月前、リーマン・ショックが発生し、金融やビジネスの分野だけでなく、世界経済・社会の基本的なあり方を大きく考え直すきっかけとなった。世の中は急速に変わりつつある。それを、中国をはじめとした新興国の台頭による世界のパワーバランスの変化からとらえることもあるだろう。しかし、そのような表層の下にもっと大きな、これまでの思考を揺るがすような変化が起こっている。それは「地域の相互連鎖」と「分野の相互連鎖」の急速な進行である。

地域の相互連鎖の進行は、一般にグローバリゼーションと呼ばれている。俗な言い方をすれば、「日本が世界に染みだしていく、世界が日本に染みこんでくる」のである。日本もアメリカで起こったリーマン・ブラザースの破綻の影響をもろに被ることになってしまった。

この例のように、国内と海外とを分けて考えることができなくなっている現象は、すでに世間のいたるところで実感されているであろう。

それと並行して、「分野の相互連鎖」が実は起こってきている。それは産業の分野間だけでなく、科学技術、そしてより幅広く学問の分野間においても同時代的に起こっているのだ。昔ながらの行政機構がそのような相互連鎖の展開に対応できていないからこそ、縦割り行政といって批判され続けている。しかし、学問の分野もいまだに「理系」「文系」というような表現を含めて、伝統的には縦割り発想であり、それを壊すような動きが必要なのである。もはや伝統的な分野に閉じこもっているわけにはいかない。そのことはインタビューをさせていただいた六人の話の中に常に出てくるテーマでもあった。実際には、そのような分野の連鎖を読み込んだ学問の展開は、まだまだこれからの課題であるように感じたが、変化の兆しがあるのもたしかだ。伝統的枠組みを超えていくには、さらにエネルギーと腕力がいるのであろう。

産業や学問も含めてすべての分野において世の中の事象が相互連鎖し、これまでとは比較にならないほどに複雑になっていく。しかし、そのような事象を的確にとらえる思考能力をわれわれは十分訓練されていない。明らかに新たな能力の養成が求められている。どのような能力であるかを別の表現でいえば、伝統的、縦割り的枠組みを超えて発想し、行動する「課題設定型リーダーシップ」である。日本が、課題を解決できる国であることは過去に証明されている。欧米先進国に「追いつき追い越せ」であれ、「豊かな中流生活」であれ、すでに実績がある。しかし、他に先駆けて課題を設定し、世界に受け入れさせる能力があることはまだ証明されていない。いま、日本が目の前に展開する複雑な事象をつかみ、世界で最初に課題設定をすべきなのである。すなわち、それが先端的な知と思考能力にもとづいたリーダーシップなのである。

これは、国家間の競争とか、覇権主義的な発想をベースにするものではない。日本は人類の歴史上で珍しい、「覇権主義でない、覇権主義にはなれない大国」である。課題設定をするのは国際社会に対する、日本の果たすべき責任なのだと考えるべきだろう。地域と分野が相互連鎖し、複雑度を増していく、そして多くの場合、混迷度を増していく世界において、大国としての知的資源を持って諸外国を納得させることのできる課題を抽出し、設定する責任があると考えるべきだ。それができるということは、日本から世界に対して普遍性のある新しい思想と価値観を提示できるという意味でもある。そして、大げさに言えば、いまが日本の歴史にとってそのようなことが可能である最初で最後のチャンスなのかもしれないのだ。

歴史を振り返れば、一八世紀にフランスが、民は王侯貴族の所有物ではない「国民国家」という思想を提示し、それがイギリスの植民地からのアメリカ独立につながり、今日のアメリカ合衆国を生むきっかけとなった。一九世紀にはイギリスが「進歩、進化」という、いまでは誰もが当たり前と思っている概念を作り出した。そして、それはキリスト教と戦いながら確立していった科学と技術がもたらしたのである。ニュートンは自分を神学者と思っていたと言われているが、その後、ファラデー、マックスウェル、ケルビン卿、ダーウィンなど数多くの人物を排出した。キリスト教の「日の下、新しきものなし」のまま、創成期から最後の審判に進んでいく世界観からの大転換であった。

二〇世紀にはアメリカが「アメリカン・ウェイ・オブ・ライフ」、すなわち物質的に豊かな中産階級的生活を提示した。それにあこがれて、自ら達成する大衆が世界に増えれば増えるほど、そのような生活を大事にする中庸な価値観が広がっていくだろうと期待された。しかし、二一世紀初頭にその期待は打ち砕かれる。二〇〇一年の9・11はイスラム世界の中産階級が物質的豊かさのみに満足するのではなく、実は原理主義者になっていく道筋があることを世界に見せつけた。アメリカ的世界観の崩壊であった。

では、二一世紀には誰が世界に向けて普遍性のある思想を提示するのであろうか。そのチャンスが日本にある。物質的な豊かさを手に入れ、さらにバブルで根づかなかったとはいえ贅沢までも経験した。そして、贅沢は必ずしも豊かさと同じものではないことを理解した。一方で、日本人の宗教観には原理主義的な要素はきわめて少ない。日常生活の無意識のレベルに仏教、神道、そして儒教が浸みこんでいると言ってもいいのであろう。そういう状況の中で、二〇一一年の3・11という日本人の価値観を大きく揺さぶるような災いを経験した。そして、さまざまな側面で日本は他国に比べると安定感のある社会を築いてきたことも、あらためて理解したのである。このような背景をもとに、新たな思想を提示できる条件が日本にそろっている。問題は、それを世界に普遍性のある思想として組み立て、提示できるかということである。そして、そのための強靭な知と思考力をいま、どうしたら身につけられるだろうか、そのようなパースペクティブを持つ人材はどのようにしたら育つのだろうか、ということなのである。

このようなテーマを東大EMPでは常に問い、追い続けている。そして本書は、最先端で活躍する学者六人へのインタビューを通して、新たな思想を提示できるための、すなわち先駆的な課題を設定できるための知と思考力の獲得のヒントを探っていく。

六人の方々の話から、知の最先端のテーマを知り、目からうろこが落ちるという思いを何度もさせられた。それと同時に、先端的な学問を進めることは、世界の研究者との競争であるだけでなく、世間の無理解などいろいろな制約との戦いであるということも強く感じた。また、学問は理知的で冷徹、厳密な側面もあるのだろうが、それを追求しているのは感情豊かな人たちなのだ。とりわけ科学の分野は「仮説の設定と検証」という形で研究が進むのだが、よい仮説と悪い仮説があるのとは別に、その研究者の個性がいろいろな形で仮説に現れるということも面白い発見であった。これらの側面については、本書を読めばきっと納得していただけるであろう。

未知の領域を切り開いてきた彼らが、何を見て、どんな思考を経て、どうやって現在にたどり着いたのか。彼らの語る言葉から、読者一人ひとりが自らの能力向上につながる示唆を得ていただけるだろう。それは研究組織にかぎらず、企業、行政機構、非営利団体などすべての場の方々にあてはまるはずである。そして本書が、読者ご自身が持っている資質をいっそう開花させるきっかけとなるならば、筆者としては嬉しいかぎりである。

*

このインタビューの多くは筆者の性格もあり、よく言えば自由闊達、悪く言えばあちこちに飛びながら取り留めもなく進んだのだが、それがちゃんと読める形になっているのは原稿作成をした田中順子さんの大変な努力のおかげである。ここでお礼を申し上げたい。また、この、ある意味ではありえない企画を取り上げ、すべての収録に参加し、積極的に推進してくださった東京大学出版会編集部の小暮明さんにも感謝を申し上げる。

そして、何よりも、長時間のインタビューを快く受け、あらゆる質問に対して大変のびやかに語っていただいた六人の方々に心よりお礼を申し上げる次第である。

二〇一二年四月

東大EMP企画・推進責任者
横山　禎徳

目次

東大エグゼクティブ・マネジメント
課題設定の思考力

はじめに――世界に先駆けて、新たな課題の設定へ……i

先駆的課題の発見に求められる教養……1
浅島 誠［東京大学名誉教授、産業技術総合研究所フェロー・幹細胞工学研究センター長／発生生物学］
まさに七転八倒。
周囲からは叩かれるし、それほど評価されない。
それでも続けられたのは、私には夢があったからです

知と思考力1――サイエンス・リテラシー……33

横断的組織をまとめるコーディネイト力……37
秋山弘子［東京大学高齢社会総合研究機構特任教授／ジェロントロジー（老年学）］
生活者に寄り添ったミクロの視点から、個人が健やかに、幸せで、生きがいをもって暮らせる社会を実現するには何をすべきか

知と思考力2——データ蓄積と実証実験……72

技術と方法を結びつける応用力……77
岡村定矩［東京大学名誉教授、法政大学理工学部創生科学科教授／銀河天文学］
すばる望遠鏡をつくるプロジェクト・マネージャーになるのは、
自分にとって最高の道だなと思いましたね。
ところが、人生は思ったとおりにはいかなかった
知と思考力3——分野の融合……112

現実の仕組みを把握するデザイン感覚……117
中島隆博［東京大学大学院総合文化研究科准教授／中国哲学］

大原理に収斂できないところを問わなければ、
問題を解決していくことはできない。
重んじるべきはダイバーシティなのです

知と思考力4――パラドックスの受容……152

根源的かつ論理的に理解する精神……155

家 泰弘［東京大学物性研究所長・教授／物性科学］

物性科学を選んだのは、
試料を作って、測定して、論文にまとめるという活動を
全部一人でやれるところに魅力を感じたからです

知と思考力5――ものの見方の変化……189

「何を」よりも「どのように」という問題意識……193
酒井邦嘉［東京大学大学院総合文化研究科教授／言語脳科学］
自分のなかの美意識が
科学者の個性をつくり、
突き進む先を選ばせている

知と思考力6——仮説の検証……227

編者紹介……231

まさに七転八倒。
周囲からは叩かれるし、それほど評価されない。
それでも続けられたのは、私には夢があったからです

先駆的課題の発見に求められる教養

東京大学名誉教授、
産業技術総合研究所フェロー・
幹細胞工学研究センター長
発生生物学

浅島　誠

Makoto Asashima

東京大学名誉教授，産業技術総合研究所フェロー・幹細胞工学研究センター長，日本学術振興会理事．／1944 年生まれ．東京教育大学理学部卒業，東京大学理学系大学院博士課程修了（理学博士）．ドイツ・ベルリン自由大学分子生物学研究所研究員，横浜市立大学文理学部助教授・教授，東京大学教養学部教授，東京大学大学院総合文化研究科教授，総合文化研究科長・教養学部長を経て，2007 年から 2009 年まで東京大学理事・副学長．日本学術会議副会長も併任．／専門は発生生物学．「卵から幼生への形づくり」について実験形態学から分子生物学まで行っており，器官形成の発生生物学や，細胞の増殖と分子の分子生物学的研究を行っている．生物の分子発生プログラムと各器官形成に興味を持ち，1989 年に分子誘導物質であるアクチビンを世界で初めて同定し，器官・臓器誘導系の確立にも注力した．／著書に『発生生物学』（朝倉書店），『発生のしくみが見えてきた』（岩波書店），『新しい発生生物学』（講談社）など．／Man of the year 1991（USA. ABI），1994 年にフィリップ・フランツ・フォン・ジーボルト章（ドイツ政府），2001 年に学士院賞・恩賜賞，紫綬褒章，2008 年にエルビン・シュタイン賞（ドイツ），文化功労者．このほか受賞多数．

世界中の研究者たちが断念した「オーガナイザー物質」の探求に単身一五年取り組み続け、世界で初めて試験管内で未分化細胞から臓器の形成に成功。ヒトのES細胞、iPS細胞の研究への道を拓いて、生物学に多大なる影響を与えた。この偉大な業績をもたらした背景にあるものとは何か。

シュペーマンの生涯と業績に関する本を夢中で読み、自分のやりたい研究はこれだと心に決めました

生物の卵には、現代科学をもってしても解けない謎がいまだ数多くあります。何の変哲もない卵の中に、親と同じ形ができあがるすべてが詰め込まれていると考えると、発生のメカニズムというのはじつに神秘的です。浅島先生はその個体発生の解明において、世界的な発見に成功し、発生生物学をリードし続けてきました。いったいどのような研究の道のりだったのでしょうか。

私の研究は、われわれ人間も含めて、動物の卵がどのようにして親になるかという仕組み

を解明しようというのが、一つの大きなテーマです。

昔から多くの人たちが、いろいろな動物の卵を顕微鏡で観察したり、すりつぶして成分を調べたりして、卵とはいったいどのようなものなのかを探ってきました。ニワトリの卵などは、すでに紀元前四世紀、アリストテレスの時代から研究されていたんですよ。

何の変哲もない丸い卵の中にすべての生物の本体がつめこまれているのですから、卵から親の形がどうやってつくられるのか、それはいつの時代も人々にとって重大な関心事だったわけです。しかし、卵の不思議はそう簡単には解明されませんでした。

実際に卵に針を刺したり、細胞を取り出して移植したりするような実験が行われるようになったのは、わずか百年ほど前からのことです。宗教上の制約もあって、西洋の人々は卵に人為的操作を加えることにかなり慎重でした。また、ヒトを含めて「生物の形」というものは、卵や精子の中に、親の雛型がすでに組み込まれているという説（前成説）が、キリスト教との相性もよく、中世以来支配的だったのです。

そのようななか一九世紀後半になって、ドイツのウィルヘルム・ルーという発生学者が、カエルの卵に焼いた針を刺して、二細胞期の片方の割球を殺し（残りの割球は育てる）、その結果、胚にどのようなことが起こるかという実験を行います。発生の研究において、卵に人の手で操作を加えるということが実際に行われたのは、このときが初めてでした。

それは当時としては革新的な手法だったんですね。実験発生学の始まりです。以後、イモリやカエルの卵を使ってさまざまな実験が行われるようになりました。その結果、生物の形はもともと決まっているのではないらしいとわかってきたんです。これはもう、卵研究の長い歴史にとっては画期的な発見でした。

発見したのは、ルーの流れを汲むハンス・シュペーマンと弟子のヒルデ・マンゴルドでした。彼らは、卵のどの部分がどの部分になるかということを調べたんです。地道な実験を繰り返していくと、卵の中に、ここは表皮になる、これは神経になる、これは血球になる、ここが筋肉になるという部分があることが、だんだんわかってきたわけですね。

ところが、ある部分を移植すると、いままでかたちが決まったものが決まらなくなったわけです。何度やっても同じ。それは原腸胚の「原口背唇部《げんこうはいしんぶ》」[1]というところなんですけども、その部分を移植すると、体や頭が二つできたり、尾っぽが二つできたりするんですよ。

そこで一九二四年、シュペーマンとプレショルド（旧姓：マンゴルド）は、卵から親への形づくりには、形づくりを誘導する（未分化の細胞群に分化を促す）部分があることを突き止めて、それを「オーガナイザー」（形成体）」と名付け世界に発表するんです。具体的には原口背唇部が、頭部や尾部の形づくりの分化を引き起こす特別のはたらきをすることが明らかになりました。

1　原腸胚の「原口背唇部」…原腸胚は動物の発生の段階の一つ。その胚の一部が内部に陥入して袋状の構造が形成されると原腸となり、その入口が原口である。原口の上唇（上の部分）にあたる部分が原口背唇部と呼ばれる。

受精卵の中に、形づくりを誘導する部分があれば、最初から卵に親の雛形が入っているという前成説は覆される。臓器や器官の形は細胞分化の過程で徐々にできてくるという後成説が正しいことになる。これはサイエンスとしての大発見であると同時に、思想的にも人々に大転換を求める一大事だったのではないですか。

そのとおりです。彼らの論文はものすごいインパクトで、シュペーマンは一九三五年にノーベル生理学・医学賞を受賞しています。そしてこれ以降、世界中の研究者が誘導のメカニズムの解明に乗り出すのです。

私がこの分野に興味を持ったのも、大学時代に古本屋で『発生生理学への道——シュペーマンの生涯と業績』という本をたまたまみつけたことがきっかけでした。夢中で読み終わり、自分のやりたい研究はこれだと心を決めました。一九六七年頃のことです。

偉い先生が「オーガナイザー物質はない」と言ったが、絶対にそういう物質が存在するという確信があった

一九六七年というと、シュペーマンたちの発見からすでに四〇年余り経過していますが、

当時の日本でオーガナイザーの研究は行われていたのですか。

私が大学を卒業する頃には、日本でもオーガナイザーの研究をしているところはありませんでした。日本でもといったのは、じつは世界中で研究熱が冷めてしまっていたんです。シュペーマンの発見以降しばらくの間、卵の中で形づくりを誘導する物質は何なのかというテーマは、世界中の研究者の関心を集めました。シュペーマンたちは、現象は見つけたけれども、その物質本体を見つけたのではなかった。だから、オーガナイザー物質が何かを突き止めれば、それはものすごい発見となるわけです。なにしろそれが見つかれば、試験管の中で心臓や神経を発現させることができるようになるんですからね。世界中の研究者が躍起になって取り組みました。日本でもその研究は非常に盛んに行われました。「オーガナイザー物質」の探求競争が続きました。

ところが次々と論文は出るのですが、どれも焦点がぼけているんです。これといった決め手がなかったんです。要するに、そんなに簡単にはその物質を取り出すことはできなかったのですね。そうやって三〇年ほどが過ぎていきました。

そうしているうちに、あるとき、ある偉い先生が、チョークの粉を卵に入れてみたんです。すると、神経細胞のようなものができた。なんだ、チョークの粉でもできるんじゃないかと。そういうことになって、発生を誘導する物質は不特定多数のものであって、特異的な物質があるわけではないのだと、その偉い先生は結論づけたんです。偉い先生がそう発表するとですね、何が起こるかというと、その途端、潮が引くように世界中の研究者が一斉にオーガナイザー物質探しから手を引いてしまったんです。当然のことながら、日本にも研究者はいなくなりました。

一九五〇年代後半、「オーガナイザーとなる特異な物質はない」とその道の権威が結論づけると、世界の研究者がその分野に興味をなくしてしまった。それほど大きな影響力をもっていたわけですね。それにしても、この分野に浅島先生はよく飛び込んでいきましたね。

偉い先生がそんな発表をしたからといって、私はどうしてもあきらめられなかった。というか、絶対にそういう物質が存在するという確信があったんです。

そこで、これまでに発表された論文をすべて集めて、片っ端から読みました。数でいうと一万を超えていたと思います。すると、私が求めるオーガナイザー物質の本質をとらえた形づくりをきちんと示した論文は、ほんのわずかで片手ほどの数しかないことがわかりました。その偉い先生の論文にしても、できたと言っているのは神経細胞であって、その写真を見ると、形はできていないんです。たとえば脳なら脳、心臓なら心臓、筋肉なら筋肉の、それぞれ特有の形がある。それらの形ができるのと、未分化細胞[2]があるのとでは、まったく違

うことなのです。

シュペーマンが言ったのは、未分化細胞から形をつくるオーガナイザーがあるということでした。そのオーガナイザーの役割を果たす物質、これについて論じている論文は、わずかしかない。これは絶対にやる価値があると思いましたね。やると決めてからは、来る日も来る日も物質探しに没頭しました。

具体的には、カエルとイモリの卵との格闘ですね。卵の中にある未分化細胞を切り出して、試験管の中で外から物質を与えることによって、未分化細胞から心臓をつくったり、腎臓や膵臓をつくったり、眼球をつくったりと、さまざまな臓器をつくることが目指したことです。試験管の中でいろいろな手術をして、その因果関係を調べて、手術したことがどういう結果をもたらすかを積み上げていきました。

一九八九年、ついにその物質を見つけるのですね。五〇年以上にわたって世界中の研究者から顧みられなくなっていた分野に、光明が射した瞬間です。世界中に衝撃が走ったのではないですか。

結論から言えば、卵の中で、どの細胞を何の臓器にするかを制御しているのは「アクチビンA」というタンパク質でした。そのアクチビンを使って、私は世界で初めて、試験管の中で未分化細胞から心臓や腎臓など二〇余りの臓器を形成することに成功しました。それにより、臓器がどうやってできるのか、遺伝子発現の順序までわかるようになったのです。

たとえば試験管の中で未分化細胞から心臓ができたとしますね。拍を打つ心臓が。それができれば、分子生物学的にどういう遺伝子がどの時期に出て心臓ができるかということを、試験管の中で実際に起こして確かめることができるようになるわけです。最近のゲノム科学と結び付けると、ゲノムの情報はたくさんありますから、心臓にかぎらず膵臓、腸管など他の組織や器官がどのようにしてできるのか、その過程を試験管の中で観察できることになったのです。

試験管の中でいろいろな器官や組織をつくれるとわかるやいなや、それまで堰き止められていた川が決壊するかのように、ものすごい勢いで世界中の研究者がその分野になだれ込んできました。ちょうど分子生物学と発生生物学、神経科学など、現代の生命科学の大きな流れとも合流するかたちで、以後、卵から親への形づくりをめぐる研究は世界中で猛烈な競争が行われるようになります。

そのうちに、カエルでできることは、マウスでもできるんじゃないかと、私は考えるようになりました。普通、「それはカエルの話でしょう」とだいたいみんな言うんですね。カエ

2 未分化細胞…まだどの器官や組織になるのか決まっていない細胞で、いわば白紙の状態の細胞。この未分化細胞は多能性をもつので、誘導物質を与えると筋肉などいろいろな方向に分化することができる。

ルだからできたんであって、マウスとか他の生物ではできないでしょうと言うんです。けれども私から見ると、カエルでできることは当然マウスでもできるはずなんです。すると思ったとおり、カエルでできた仕組みは、実はマウスの未分化細胞でも同様にできたんです。しかも想像していたよりも案外簡単にできたんですよ。

　マウスの未分化細胞にアクチビンを与えると、膵臓はインスリンを出すような内分泌細胞だけではなくて、アミラーゼを出すような外分泌細胞も、導管まで含めて丸ごとできてしまったんです。すると今度は膵臓だけでなく他の臓器もできるのではないかとやってみると、確かにできることがわかってきて、案外カエルとマウスには共通性があるんだなということがわかってくる。

　そうすると、カエルができるなら、そしてマ

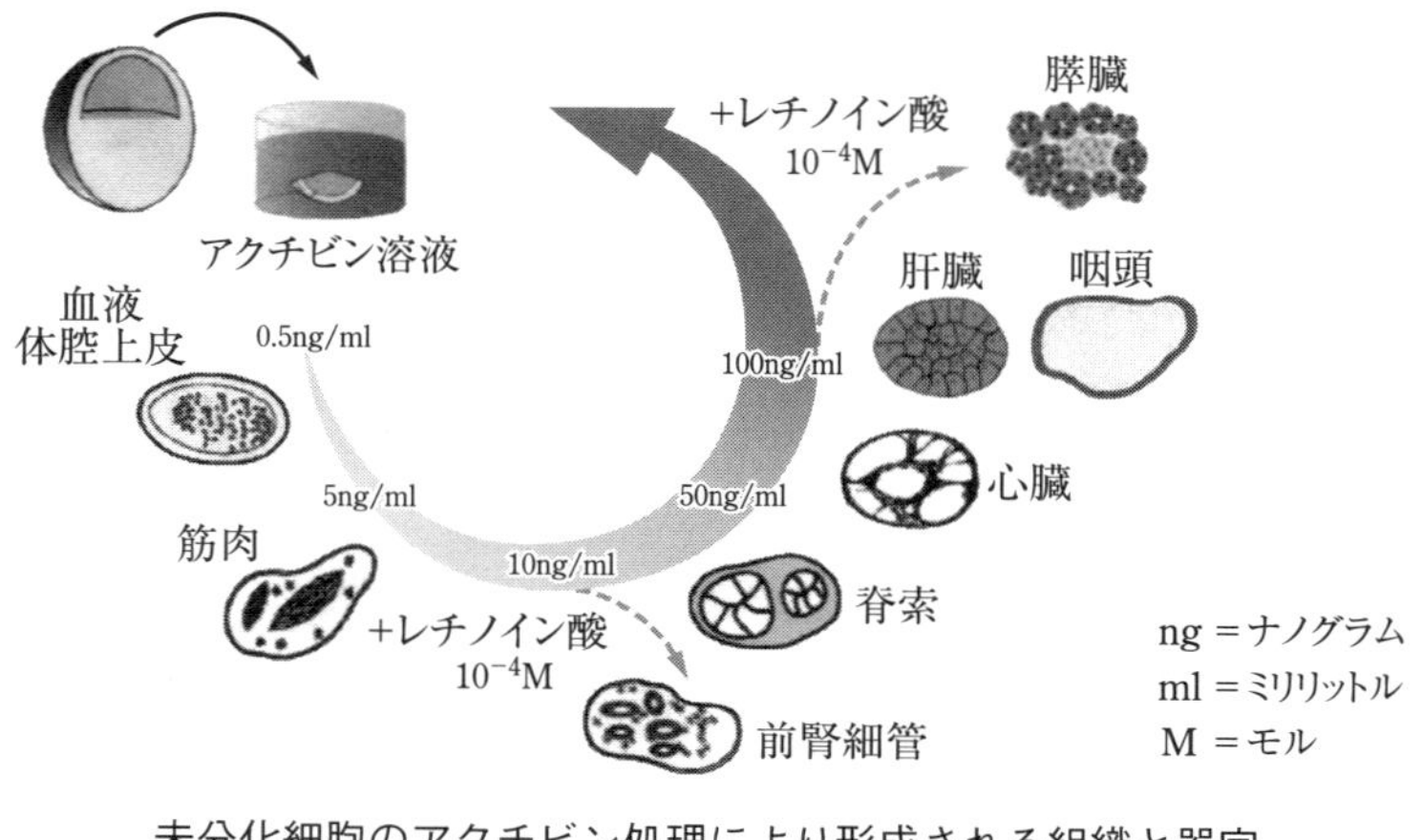

未分化細胞のアクチビン処理により形成される組織と器官

ウスができるならば、今度はヒトのＥＳ細胞[3]でもできるのではないかというようなことになるわけですね。いま、ヒトのＥＳ細胞や、ヒトのｉＰＳ細胞[4]を含めた研究が盛んに行われていますが、元をただせばそうした研究の源流はそこにあるわけです。

「ナイナイ尽くし」の研究生活です。実験器具も研究費もない、助手も学生もいない。あったのは自由だけでした

一九七二年にドイツに留学、そこで過ごした後の一九七四年に帰国されています。当時、日本はオイルショックの真っ只中だったでしょう。ご自身の研究環境はどのようでしたか。

大学院に進んだ頃、ベルリン自由大学の分子生物学・生化学研究所というところのティー

3　ＥＳ細胞…胚性幹細胞。マウスやヒトなどの受精後の胚盤胞期の内部細胞塊からつくられる分化万能性（全能性）をもつ細胞。受精後の胚を壊すので、個体になる可能性があり、倫理性とがん化の問題がある。

4　ｉＰＳ細胞…人工的に誘導してつくられた多能性幹細胞。マウスやヒトの成体の分化している細胞にＳＯＸ-2などの四つの遺伝子を導入してつくった分化多能性をもつ細胞。京都大学の山中伸弥教授らが開発した技術。分化した細胞を未分化細胞に戻すリプログラミングを行って作製した。

デマン教授のグループが、本格的なオーガナイザーの研究を続けていました。当時はもう世界でただここだけ、という感じでしたね。一九七二年、私は大学院を修了してすぐにそこの研究員となり二年半の間お世話になりました。何しろ日本では就職できませんでしたから(笑)。

私が留学した時点で、ティーデマン教授はすでに三〇年以上もニワトリ胚から誘導物質を取る研究をずっと続けていました。私はそこの研究員として研究をさせてもらって、二つのことを感じました。一つは、ドイツの研究者たちの粘り強さです。発生学の礎を築きノーベル賞を受賞した先達の功績を、絶やすことなく引き継いでいる。そして国家の側にも、その研究に三〇年間ずっと研究費を出し続けサポートする精神が根付いている。真に重要な研究を見抜く眼力を持った人たちがいるということ、そしてそれを絶やさないシステムがドイツにはあるということに感心しました。

もう一つは、見ず知らずのアジアからの若手研究者を思い切って呼んでくれた懐の深さです。その研究所にアジア人が留学したのは私が初めてでした。私はそこで物質取りのことも覚えたし、胚発生の手術の仕方も教えてもらいました。ティーデマン教授ご夫妻には本当に感謝しています。

一九七四年に帰国後、横浜市立大学の文理学部に助教授の職を得るのですが、ここからはもう「ナイナイ尽くし」の研究生活です。実験機器もない、研究費もない、助手も学生もいない。あったのは自由だけでした。

採用してくれた教授からは、好きなことをしていいと言われました。研究しても評価されない、しなくても評価されない、どっちにしても同じだから君の自由にやりなさいと励まされました（笑）。留学帰りのやる気満々の若い研究者に向かって、何てことを言うんだと思いましたが、意外にもこの苦境がその後の成果につながっていくんです。

研究ができるかできないかは、機械があるかないかで決まるわけではないんですね。やはり、やる気があるかないか、その一点です。本当にこれがやりたいと思えば、研究の土壌としては十分なんです。時間はかかっても、少しずつ進歩していけるし、積み重ねていけば成果はかならずあらわれる。

風呂桶屋からもらってきた風呂桶でカエルを飼い、冷蔵庫は電気屋からもらった中古で十分でした。培養室は、材木屋へ行って自分で切ってきた木を組んで、ビニールでカーテンを作り、紫外線ランプをつければ、すべて手作りでできてしまう。それで立派に実験はできましたよ。

実際に誘導物質を見つけるまでには、いろいろな試行錯誤を繰り返しました。まさに七転八倒、転んで倒れて起き上がることはないんですよ。学会に行けば叩かれるし、周囲からもそれほど評価されない。それでも続けられたのは、私には夢があったからでしょうね。これがやりたいという夢です。

横浜市立大学に赴任後、何から何まで自分でやらなければならない環境が、創造性を増大させた。そこから世界的な発見が生まれるのですから、お金がないからできないとか、機材がないからできないなどと言うのは単なる言い訳ですね。

いまから振り返ると、何とも逆説的なんですが、ナイナイ尽くしの研究室が、じつは夢を追いかけるにはとてもいい環境だったのです。私自身にとって幸運な条件が二つありました。一つは、この研究分野が世界で敬遠されていて誰も入ってこなかったことです。当時、自分より二〇歳くらい上の人たちでこの研究をしていた人はいたのですが、彼らはもう徹底的に叩かれましたので学会でもマイナーでした。いわばライバルがいない状況だったのです。

一方で、過去五〇年間の膨大なデータが蓄積されていた。これも私にとっては非常に幸運なことでした。私は、過去のデータを読み込んで、静かに自分で納得いくまで考える時間をたっぷり持つことができたんです。受け持ちの授業時間以外の時間はすべて自分のやりたいことにあてられましたからね。いまの大学では、若い先生がこういう自由な時間を持つことはなかなかできないかもしれません。私は幸運に恵まれたわけです。

研究には土日はありません。土日は子どもたちを連れて大学に行きました。学生たちがよく遊んでくれましたよ。毎日始発に乗って終電で帰るという生活をずっと続けました。だいたい座って行けましたので、電車の中は論文を読む貴重な時間でした。

過去の論文はどれも貴重なデータの宝庫です。この研究に生涯をかけ、物質探しにものすごい精力をつぎ込んだ先人たちの人生の痕跡が、どの論文にもありありと見られました。読みながら幾度となく興奮を覚えましたよ。発見の喜びや、思い通りにならない葛藤、意に沿わない結論を提示することしかできないことへの悔恨……。さまざまな思いが、一つひとつの論文の背後に浮かび上がってきました。その中から、自分が目指す研究にとって真に本質的なものは何かを選り分け、見つけていくんです。面白かったです。これこそ科学の本当の面白さではないかと、私はそのとき思いました。

見方によっては非常に孤独な作業のようにも思えます。一五年という年月のなかで、オーガナイザー物質を見つけられなかったらどうしようと考えたことはなかったんですか。

周りからは、非常に孤独な作業のように思われたかもしれませんが、自分ではそう思ったことはありませんでした。成果がなかなかあらわれないので、周りは心配したり憐れんだりしていたんでしょう。

たとえば、私が学会で発表しますでしょう。すると、昔研究をしていた偉い先生が来て言うんです。「去年の発表からほとんど進んでいないのではないですか」と。私は答えました。「よく見てください。今年も一〇枚のスライドを使っていますが、どれ一つとして去年と同じスライドはありません。去年より一〇％活性が上がっているからです、それが私の成果です、先生おわかりでしょうか」と。するとその偉い先生は、「そこまで気がつきませんで、どうも」と去っていきました。当時私がやっていた実験で、一年に一〇％効率を上げるのは大変なことでした。その一〇％をどう見るか。多くの人にとって、頑張ってやっているなと思う反面、たった一〇％かというのが正直な感想なのでしょう。これじゃ、いつまでかかるかわからないなと思うわけです。周囲の目はそんな感じでしたね。

この間、オーガナイザー物質を見つけられなかったらどうするのか、とよく聞かれました。その質問に対する私の返答は、例え自分が探し当てられなくても、必ずいつか誰かが発見するだろうし、研究を続けていけばその土台になることができる。それでいいと思っていると。本当にそう考えていました。だからこそどんな環境であっても研究を続けることに躊躇はありませんでした。

自分の中に眠っている感性を若いうちにどれだけ目覚めさせ、外に示せるかどうかで、その人の研究の幅が変わってくる

浅島先生が発生生物学の分野に進もうと思われたのはどのような経緯からですか。佐渡のご出身ですが、少年時代はどのように過ごされたのですか。

私は佐渡の田舎育ちで、家のまわりには田んぼや池がたくさんありました。春先になると、カエルの産卵シーンが見られます。黒い卵が、ある日一斉にかえってオタマジャクシが泳ぎ出す。その躍動感にワクワクしたものです。なぜ丸い卵がこんなにうまく孵化《ふか》するのかと、子ども心に不思議でたまらなかった。その思いが生物を研究する方向へ進んだ最大のきっかけです。

ご存知のように、佐渡ではトキの絶滅という問題があります。なんとかしてこの美しい鳥を残したいと、誰もが思って暮らしているわけです。たまたま叔父がトキの研究をしていて、中学生の頃、観察に行く叔父に同行していろいろ話を聞きました。叔父は、トキのフン

を見て「これは、いま、下痢している」とか、「これは、非常にいい」とか、「こいつはドジョウを食べたな」とかすぐにわかる。中学生だった私はすごいと思いましたね。そして自分にも何かできないかと考えたんです。このトキという種を守るために何羽必要なのかと一生懸命考えたりしました。これが私の生物学の始まりでした。

虫も大好きでした。ハンミョウ、サドマイマイカブリなど、佐渡には、佐渡にしかいない虫がたくさんいて、昆虫少年の私は夢中で追いかけました。とくにマイマイカブリという虫は綺麗で、大きくて、堂々としていて、いい虫なんですよ。その虫の遺伝子を調べると、最近では日本が中国大陸からいつ離れたか、佐渡が本土からいつ離れたかなど、地形の変動がすべてわかるのです。一匹の虫の中に、いま自分たちが住む佐渡の島が、どういうでき方をしたかという地形学的情報がすべて書き込まれているのです。すごいと思いませんか。まさに遺伝子に刻まれた歴史です。一匹の生き物の中にも、地球の歴史がみられるのです。

生物の歴史を考えると、昆虫もカエルも三億年の歴史を持っている。かたや人類は、たかだか三〇万年です。カエルの細胞には、水中から陸上へと体を適応させながら三億年という年月を生き永らえてきた歴史が刻まれているんです。カエルをよく観察すれば、最初から陸上にいる人間にはない、あるいは隠れていて見えない仕組みがあるはずなんです。そこに人類の原型を知る手がかりがあるかもしれない。

恐竜も絶滅したとはいえ二億年以上も生存していた。人間はそんなに、もたないかもしれないですね。本来、生物の目的は自分の種を子孫に残し、それを維持することであるはずです。ヒト属は二〇〇万年の歴史の果てに、いまホモ・サピエンス一種しかいなくなってしまった。このままいくと自滅するかもしれない。そうやってひどい方向にいくことを進化というのでしょうか。

このままいけば、人間はそんなにもたないでしょう。それをどうやってもちこたえるか。人類はせっかく英知を獲得したのですから、その英知を自分たちの持続的な発展のために使うべきであって、それには桁違いに長い歴史を持つ他の生物から学ぼうとする姿勢が必要です。

他の生物と比較して、人間の能力はとても優れているように思うかもしれませんが、たとえばわれわれは二〇〇メートル先の人の話は聞こえませんね。でもクジラなんか千メートル離れている仲間の声を聞いて会話しています。いま地球上には八〇〇万種の生物がいますが、その中で人間が一番などと考えるのは間違いです。ただし、確実にわれわれ人間が優れているといえるのは、他の生物から学べる力と英知があるという点です。

私の研究の一つの楽しみは、自然の中の生物を観察することです。研究室の学生たちと毎年いっしょにイモリ取りに出かけます。新潟県の村上方面に非常にいい場所がありまして、そこにイモリ取りに行くんです。春取ったイモリは、春返す。秋取ったイモリは、秋返す。取った場所を正確に記録しておいて、必ずその場所に戻します。野外の遺伝子は絶対に混ぜない。私は三五年間ずっとこの採取方法を続けています。毎回、おおよそ二千匹取るので、ちょうど間引きしたようになるんですよ。

学生たちは、自分たちで採取したイモリを研究の材料に使うとなると、そこから目の色が変わります。自分たちで取ったイモリですから、とても大事に扱います。研究で使った後は、必ず自然に返そうとします。イモリなど業者から買えば楽に手に入るじゃないかと思う人もいるかもしれませんが、苦労しても自分たちで自然の中から研究材料を取るという体験は非常に重要です。自然の中での体験で、学生たちはイモリと同時にタガメを見たり、アメンボを見たり、ミズスマシを見たりといろいろな野生の生物を見ることになります。それらの行動を観察すると、こんなに面白いんだと気づくわけです。

ある学生が、こんなことを言うんですね。「メダカの学校」って童謡あるじゃないですか。あの歌の光景を初めて見たと言うんですよ。確かに、あるメダカがスーッと行くと、みんな一緒に方向転換して行くんですね。ああいう行動を学生たちは初めて見て感動するんです。あるいはアメンボがポンポン飛んでいくじゃないですか。どうしてアメンボは水の上を飛べるのかと私に聞いてくる。そんなの自分で考えろって私は言いますよ。そうすると彼らアメンボを大切に持って帰ってきて、研究室でアメンボの足を切ってみたり、足を洗剤で洗ってみたりして、どうなるかを観察するんです。足を洗剤で洗えば、当然アメンボは沈んでしまって水面を飛ぶことはできません。「わー、沈んだ」とか言って。それを見て初めて、アメンボの足から油が出ているのがわかるわけです。

こういう体験を繰り返していくと、イモリ取りは、単に卵を取るためのイモリではなくて、イモリの生活そのものを見ながら生物を学ぶということになっていき、その周辺には面白いことがじつにたくさんあるというのを学ぶんですよ。たとえば、イモリの求愛行動はまさに相思相愛のなかで行われる生殖方法のように観察できます。

研究というのは、そうした身体的な体験ですよね。教室で教えて、論文を書かせてということではないですね。

若い人たちは感性が鋭いです。しかし感性というのは、引き出さなければ眠っているだけです。自分の中に眠っている感性を若いうちにどれだけ目覚めさせることができるか、それを外に示せるかどうかで、その人の後の研究の幅が変わってくると思います。感性が目覚めるときというのは、彼らの想像を超えたものを見たときです。生物の素晴らしさや面白さ、美しさ、奥深さ、そういうものに触れたときに、これまで感じたことのない身震いをする興奮を覚える。この衝撃が潜在する感性を目覚めさせます。

浅島研究室のモットーは、第一に「自然に学べ」、第二に「passionをもって取り組め」、第三に「物事には順序がある」、第四に「予測した事実に反する結果がでたら、見のがすな」、第五に「オリジナルな研究をし、結果が出たら論文を書け」ということです。私の言う第二のpassionとは、情熱を越えた熱情とでもいうべきもの。その熱情をもってすべて自分の研究としてとらえ努力せよと学生には言ってきました。第三の物事の順序というのは、自然を相手にする研究では、research firstの精神が重要であり、そのためには確実な技術の習得が必要となります。そのうえで第四として、予測した事実に反する結果がでたら絶対に見のがしてはいけません。それこそ大きな発見の糸口であるからです。

世代間で語り継いだり、共有する仕組みをつくらないと、ますます自分中心の考え方になってしまう

人間はどうしても、自分中心に考えがちです。人間以外の生物から学ぶことで、もっと賢くなれるのに、その可能性を自ら閉ざしてしまっているのでは。

自分たちの判断だけでものごとを見ることはとても危険なことです。人間以外の生き物の多様性に目を向ければ、一つひとつの生物がもつ素晴らしさが見えてくる。それを真似ること、そこから学ぶことができれば、人間は本当の意味で賢くなることができる。

他の生物から学ぶには、自分中心の考えから離脱することが必要で、そのためには「教養」が求められます。相手との違いを受け入れる寛容さや、自分とは違う相手を尊敬する真摯さなど、他者と共に生きるしなやかさが求められます。それだけのしなやかさを持てるには、その人自身にそれなりのバックグラウンドと教養が備わっていなければなりません。その点で、私はいまの日本はたいへん危ない状況なのではないかと不安を感じます。

学生たちは、朝から晩までコンピュータに向かって、情報はすべてそこから得て、自分の目で本物を見て確かめようとしない人が多い。コンピュータと話はできても、生身の人間と面と向かうと話ができない。人は人と話をすることで成長していくものです。

議論をできない人が増えているのは本当に気になりますね。いろいろな人と議論するのがなぜそれほど重要なのかといえば、議論のなかから自分を超える人を見つけられるからなんですね。この人はこんな素晴らしいことを考えているとか、この人はこんなことができるんだと感じて、素直に素晴らしいと思える感覚が大事です。そういう人に出会うことで、自分の世界を広げていける。

世代を超えた情報交換は、ますます難しくなってきていますね。家族の形も変わってきていますから、世代間で語り伝える文化風土もどんどん失われています。私たちはどうすればよいのでしょうか。

お年寄りが持っている長い人生で積み上げてきた考え方やものの見方は、じつに有り難いものです。一緒に過ごせば、絶対にいいですよ。一見古くさいように見えるけども、その人の人生の本質を語っていますから、深く学ぶことができます。

生物でいうと、多くは卵を産みますね。産み終わると大海原に出ていったり、山の中に入っていったり、成体になるとかなり遠くまで行くのですが、いずれまた卵を産んだ場所に戻ってくるんですよ。たいがいの動物にはそのような帰巣本能があります。このことは裏返せば、動物はみな帰っていく場所や迎えてくれる場所が必要だということです。

われわれ人間も、都会に出て行ったとしても、ときには田舎に帰っておじいちゃん、おばあちゃんと語り合って心を豊かにすることが大事なんです。それは生物学的にいえば当たり前のことで、その当たり前のことができない世の中になってしまっているということです。巣に帰って心を豊かにするよりも、物の豊かさのほうに目が向いてしまっている。でも物が豊かになっても、心は満たされないのであり、心はだんだん寂しくなっているように思いますね。

何より心配に思うのは、そういう環境で育つと感性や人間らしさが鈍ってしまって、自然を相手にしても感動できなくなってしまうことです。カエルを見てもイモリを見てもその面白さとか不思議さをみて、「うわっ」と大声を上げる好奇心が失われてしまうんですね。

たしかに、和敬清寂とか晴耕雨読とか、自然と共に生きる暮らしは、日本人の心の中にはあるんだけども、実際の行動はまた別ですね。とくにいまの時代は世の中が情報過多になり、大都市中心の文化になってしまったんですよ。故郷の佐渡でさえ、若い人たちは都会化していますね。昔からの良識や習慣、暮らしの知恵といったものは、本来であれば家族のなかで親から子へ、子から孫へと受け継がれていくものなんでしょうけれど、そうした語り伝える文化もしだいに薄れてしまっているのだと思いますね。

いまはちょうど過渡期なんです。この過渡期をどう乗り越えて、心を豊かにするシステムをつくれるかが問われているんじゃないでしょうか。世代から世代へ語り継ぐ仕組みや、世代間で共有する仕組みをどうつくっていくかでしょうね。そうしないと、ますます自分中心の考え方になってしまう。他者と共に生きるしなやかさと英知は身につきませんね。それでは他の生物の多様性から学ぶことなど到底できません。

どのような局面でも正しい判断を下せる規準、それが教養だと思います。それは一朝一夕に身につくものではない

「教養」が大事というのは、日本人に失われつつある面をカバーするためなのか、日本人の変化とは関係なくそもそもの判断力として必要なのか。具体的にはどちらでしょうか。

教養というのは、膨大な情報の中からどれが本物か、いま必要とされているのは何かをより分ける力です。たとえば、われわれのような自然科学の研究では、あらゆる生態系に関する知識、つまりいろいろな生物がどういう位置関係にあるかを知っていることが非常に重要です。

また、自然科学分野だからといって、政治や経済や文化と離れることはできません。継続的に研究費を確保するには、研究者のオリジナルな内容と同時に世界経済の動向に目を向けていなければなりません。海外で何か起きたとき、いまの状況をどう判断するか、判断基準が求められます。そのとき、どのような局面でも正しい判断を下せる基準、それが教養だと

思うんです。それは一朝一夕に身につくものではなく、常に身近な問題について自分なりにきちんと考え、周囲と議論して、できるだけいい判断をしていくという積み重ねが大事です。

教養というのは、一二～一三世紀にヨーロッパで大学が成立した頃、神学・法学・医学の三学部に進む前の学問として、自由七科（文法・修辞学・論理学・算術・幾何・天文・音楽）が定められたことに由来している。当時、七科の中に「サイエンス」という概念はなかったが、現代人にとってサイエンスを含めた教養が必要とされているのではないでしょうか。

私からすれば、むしろサイエンスなしの教養などあり得ないと思います。たとえば、DNA鑑定は今後ますます発展すると考えられますが、髪の毛一本で親子の判定や個人の特定ができる時代に、そのメカニズムを科学的に理解していなければ、さまざまな問題の本質を見誤りますよね。

科学も技術も、一般の人々の思考能力がついてこられるかどうかなどおかまいなしに進んでいきますから、誰もが自分自身で、科学的な論理性を持ちながら、本来人間はどうあるべきかを考えていかなければならない時代なのです。サイエンスを含めた教養が必要なのは、そのような状況の中で正しい判断をするためでもあると思います。そして正しいサイエンスの知識をもとに技術の評価をしていく、さらには法的な整備をしていく、そういう仕組みづくりはまさに喫緊の課題です。

科学者にも責任がある。物理では、新しいエネルギー理論が原爆という脅威をつくり出して、次に化学では、ナイロンやビニール、プラスティックが人々の生活に恩恵をもたらす一方で公害をまき散らしてしまった。今度は、生物の番なんです。遺伝子が操作できるようになったけれども、どこまでいじってよいものかは、きちんと議論して、哲学と深い教養にもとづいた、自分たちなりのガイドラインをつくっていかなければなりません。

私自身は発生生物学の研究者として、第一に、自然の摂理から著しく離れることはやってはいけないと思っています。生殖細胞については、次世代に影響を残すような操作はしないというのが、基本的な考え方です。第二は、人間の尊厳を考えるときに、脳の中にいろいろなものを入れ込んで、その人のアイデンティティを崩すようなこともやるべきではないと思っています。その二つについては、非常に慎重にやっています。科学者にも教養が求められているということですね。

いまの時代、どこの国でも、またどの分野も、激しい競争にさらされていますから、悠長なことを言っていたら競争に負けてしまうというのが、おおかたの意見かもしれません。学生たちを見ていても、インパクトの高いジャーナルに早く発表することが、研究の目的になってしまっていたりします。でもそれは本当のサイエンスではありません。競争に振り回されずに信念を貫くには、度量が必要かもしれません。度量と教養は別々のものですが、両方ないとだめです。そうでないと、先を見据えた判断もできないし、最後まで責任を全うするという責任感も生まれません。自然の摂理とナチュラル・ヒストリーに基づいた生命観が必要です。

スクラップ・アンド・ビルドと言いますが、ビルドするには時間がかかるのです。悪いものは壊して作り直さなければなりませんが、近視眼的な判断で、いいものまで壊してしまったら、スクラップ・アンド・スクラップになってしまう。科学研究にかぎらず、政治も経済も、場当たり的な思考と行動から抜け出さないかぎり、失敗を繰り返すだけです。しかも、日本では一度失敗すると敗者復活ができないといった風土がありますね。そうなると人の才能を育てる場がなくなってしまう。失敗を糧として次に生かしていくシステムが社会に根付かなければなりません。日本の社会も組織も、挑戦し続ける情熱とそこから生まれる知恵が共有できるシステムを築いていくべきですね。

知と思考力1——サイエンス・リテラシー

一般に科学技術というが、科学と技術は本来違う性格のものである。これまでは農耕や製鉄などのように繰り返し作業で経験的に改良する技術が先行し、それを科学が理論で裏付けるという形であった。しかし、二〇世紀になるとこの様相が変わってしまった。それが原子力であり、生命科学であって、まず先に科学の理論があり、それを技術の開発で実現するという順序に変わったのである。

このような展開の順序の逆転は、科学に疎遠な人を不安にする傾向がある。要するにとらえにくく、わかりにくいのである。たとえば、生命科学に対してわかりにくさを一般人は感じている。植物における交配や接ぎ木、錦鯉の品種改良などはあまり考えもせずに私たちは受け入れている。多分営々とした試行錯誤の結果だろうなと思い、それを自然な行為としてとらえている。ところが、人工的に遺伝操作や遺伝子組み換えをしたというと急に不安になり、拒否反応を示す。自然そのものが常に遺伝子組み換えをやっているということを知らないのだ。

また、原子力、生命科学、さらに情報科学の分野も含めて共通するのは、その技術がどこかで人間のコントロールできる限界を超えてしまうのではないのかという不安がつきまとっていることである。人間がやってはいけない領域に入ってきたのではないのか、もはや科学や技術を人類の進歩として楽天的にとらえることができなくなっているのではないかという問いである。

これらの問いにそう簡単に答えられるとは思わない。全貌をつかむことのできる人がどれだけいるかもきわめて疑問である。なぜなら、かつて哲学から分離した科学が、いま、あらためて哲学とあまり変わりのない領域で問題になってきているからである。特にやってよいこととやってはいけないことの倫理に絡む点は大きい。学者に求められているのは、このような状況を扱うことのできる視野の広い思考能力であろう。そして、そのような学者の一人が浅島先生である。

浅島先生は哲学的な雰囲気というより、大変気さくな人柄であり、話は多岐にわたった。浅島先生との対話は、当然ではあるのだが、知らないことが多く、目からうろこが落ちるような話もあり、その意味では大変刺激的で楽しいものであった。しかし、同時にいろいろ重要なことを考えさせられた。それは単に学問とか研究ということを超えて、いまの日本が抱えている課題に関わっているように思う。

先生の研究分野は世界の最先端であるだけでなく、生命、そして人間の存在に関わっている。研究を進めるにあたって倫理的な面を含めて深く考えないといけない。それが生命科学の特徴でもある。単に複雑なだけでなく何をどこまでやってよいのかの判断も難しい。その判断は研究者個人に任されているのではなく、研究者が生活する社会の考え方や価値観に影響される。そこには国の規制という形の制約もある。そのようなことに思いを巡らせながら世界の研究者との競争に打ち勝っていかなければならないのである。私が感じたのは、そのような競争の障害になる日本の研究環境の貧しさの問題であった。その貧しさとは物質面、金銭面ということもあるが、それよりも多くの政治家や政策担当者の知識の幅の狭さと精神の貧しい思考能力にあると思わざるを得ない。

浅島先生は佐渡島の出身である。佐渡という田舎の自然のなかで遊んだ自分の子ども時代の好奇心から始まって、いろいろなエピソードを交えながら喋られた。そして、子ども時代に感じたことが先生の研究テーマ、そして自然や生命、人間に対する考え方のなかにいまでも生き続けている。先生は日本中のカエルやイモリを使って実験をしておられるのだが、このカエルやイモリを必ずもとの自然に帰してやるのだそうだ。

先生の話には発生生物学、個体発生、未分化細胞、ES細胞、アクチビンと普段私たちに馴染みのない言葉が多く出てくるのであるが、全体として素人が理解できないような話ではないはずだ。それでも、「こういう話は苦手だ、それにあまり自分の仕事と関係ないから興味も湧かない」という人が多いことは確かである。それは、サイエンス・リテラシーというテーマと関わっている。これからの時代を見通すのにこの知識・能力がきわめて重要になってきているのだ。しかし、日本のリーダーたちにこのような認識と理解が大きく欠けていて、それに対する危機意識がまったく見られない。この問題の改善に関しては、浅島先生はかなり絶望しておられるように感じた。

先生の話で大変示唆に富んでいたのは、ドイツから帰国して横浜市立大学に来てみると、まったく何もなかったということだ。お金も設備も人手も何もない、あるのは自由だけだった。面倒を見ないといけない博士課程の学生もいないし、また学会から注目もされない、だから雑音もなく、じっくりと自分の研究ができたとおっしゃっていた。その前の五〇年間、世界の研究者の必死の努力にもかかわらず、何も成果が見られず、ほとんど無理だと思われていた物質とそのメカニズムを、浅島先生は一五年をかけて発見したのである。ある面、研究というものはパラドックスである。

浅島先生も、研究の成果を出すのに大事なのは目の付けどころであり、そのために研究者に必要なのは自分の分野の専門性に加えて幅広いパースペクティブを持っていることを強調された。さらに、そのパースペクティブを持つためには教養がないといけないということも指摘された。

「教養」というと多くの人は旧制高校を思い浮かべ、哲学をやることだろうと思っているかもしれないが、当時はいざ知らず、現在はそうではない。教養とは実益のあまりない単なるお勉強ではなく、現代にもっとも必要な知的能力であり、「サイエンス・リテラシー」がその中でも重要なテーマと言えるのである。

（横山禎徳）

生活者に寄り添ったミクロの視点から、
個人が健やかに、幸せで、生きがいを持って暮らせる社会を
実現するには何をすべきか

横断的組織をまとめるコーディネイト力

東京大学高齢社会総合研究機構特任教授
ジェロントロジー(老年学)
秋山弘子

Hiroko Akiyama

東京大学高齢社会総合研究機構特任教授．／1968 年東京大学教育学部卒業，同大学院教育学科研究科博士課程中途退学．米国イリノイ大学大学院博士号（心理学）．米国の国立老化研究機構（National Institute on Aging）フェロー，ミシガン大学社会科学総合研究所研究教授，東京大学大学院人文社会系研究科教授（社会心理学），日本学術会議副会長などを経て現職．2010 年から社会技術研究開発センターの新規研究開発領域「コミュニティで創る新しい高齢社会のデザイン」領域総括も．／専門はジェロントロジー（老年学）．高齢者 6000 名を 3 年ごとに追跡研究し，加齢に伴う高齢者の生活の変化に関する科学的データの蓄積と体系的理解を目指す．近年は長寿社会のニーズに対応するまちづくりにも取り組む．長寿社会におけるよりよい生のあり方を追求．／著書に『新老年学　第 3 版』（編集代表，東京大学出版会），『発達科学入門』（全 3 巻，共編，東京大学出版会），『2030 年　超高齢未来 ——「ジェロントロジー」が，日本を世界の中心にする』（共著，東洋経済新報社）など．

世界に先駆けて日本は超高齢社会を迎える。
二〇数年にわたって高齢者の健康、経済、人間関係の変化を追跡調査し、
近年は長寿社会のまちづくりにも取り組む研究者。
長寿社会におけるよりよい生のあり方にむけて、
いかに課題が設定され、その解決が目指されているのか。

ジェロントロジーは、伝統的な学問分野とは異なる形で発展していくと思われる

どの国も経験したことのない超高齢社会が日本に到来します。医療や福祉にとどまらず、経済・産業・文化の広い領域で問題が提起されるなか、それらを解決するにはいくつもの関連分野を包括する新たな学問体系が必要と考えて、「ジェロントロジー」（老年学）を打ち立てられています。まずはその現在までの経緯についてお聞かせください。

ジェロントロジーは、高齢者や高齢社会に関わる諸問題を対象とする学問です。高齢者に関する研究は、長年、医学や生物学などのいわゆる「バイオメディカル」と呼ばれる分野

で、加齢にともなう生理的機能の変化や生活習慣病の研究を中心に発達してきました。そこでの関心は、人間の寿命をどこまで延ばせるかということだったのですね。なにしろ第二次世界大戦後まもない一九五〇年には日本の平均寿命は五〇歳で、六五歳以上の高齢者は全人口の五％にすぎませんでした。長生きは人々の共通の願いで、それはものすごい速さで達成されました。現在では、日本人の平均寿命は男性が七九・六四歳、女性は八六・三九歳[1]であり、人生九〇年時代が到来しました。

しかし、寿命を延ばすという当初の目標が達成されたからといって、みんなが幸せに長生きしているかといえば、必ずしもそうとは言えません。寝たきりの高齢者や、退職後することもなく無為に生き長らえる人も多くなる。人々にとって早死にには恐れることではなくなったのですが、かわりに長生きすることでさまざまなリスクを背負うようになったのですね。そこで高齢者研究の課題は、「寿命を延ばすこと」から、高齢者の「生活の質」(Quality of Life＝ＱＯＬ) を高めることへと移行していきました。つまり、量から質へと転換したのです。

これは日本だけでなく、どの先進諸国も直面した問題でした。そして、単なる寿命の長さではなく、ＱＯＬの増進が目標とされるようになるということは、従来の高齢者研究が疾病や障害などネガティブな側面に注目したのとは対照的に、高齢期における可能性、つまりはポジティブな側面に光をあてることでもありました。

そうなると、もはやバイオメディカルの分野だけが担えるものではなくなります。さまざまな分野の知恵が必要になります。医学、生物学、経済学、社会学、心理学、工学などが、これまでの縦割りの学術分野に閉じこもらず、他の分野と連携して取り組むことが求められます。さらに、学術の世界を超えて、自治体や企業、住民と協働して、粘り強く現場の課題に取り組んでいく新たな体制と方法が求められます。ジェロントロジーはそのための学際的な学問として確立されようとしているのです。

日本はどこよりも先に高齢社会に突入しているのですから、高齢者や高齢社会の問題に対してもっと先進的な政策が展開されなければなりません。ジェロントロジーに関する一般的な理解も進まなければならないですね。

現在、世界戦略をもつ国際企業が、長寿社会における商品開発拠点として日本に研究所をつくるといった動きが活発化しています。市場は大きく、日本が何か手を打つという期待があるのでしょう。政策においては、たとえば介護保険はその先進性が認められて、韓国や台湾といったアジア諸国は見倣って制度をつくっています。

1　男性が七九・六四歳、女性は八六・三九歳…厚生労働省平成二一年度簡易生命表を参照。

ただ、ジェロントロジーという学問は、日本で非常に発達しているとは言えず、研究者が多いというわけでもありません。私は一九九七年に東京大学に着任するまで、二五年間アメリカの大学で研究をしてきました。アメリカは人口の年齢構成を見るとずっと若い国ですが、日本に比べてジェロントロジーの研究者の数は何倍も多く、レベルも高いですね。二〇くらいの大学にジェロントロジーの修士、博士コースがあります。

とはいえ、ジェロントロジーはまだ学問としての理論や方法論を確立する過程にあるので、私がいたミシガン大学では、既存の専門分野の他にジェロントロジーという分野横断的な学問を設け、ダブルメジャー（同時に二つの異なる専攻で学位を取得すること）を認めてT字型の教育を行っていました。たとえば、機械工学で博士号を取って、さらにジェロントロジーでも学位を修めてダブルメジャーとなるというように。専門分野における先端的研究の能力に加え、幅広い知識と課題解決の能力を兼ね備えた、高齢社会の問題解決に寄与する人材を育成することを目指しています。

アメリカ全体の状況も、ジェロントロジー博士を多数出すというより、こうしたT字型教育のほうが主流です。現在はまだ、経済学や心理学や工学のように、異なる既存分野でトレーニングを受けた人が一緒にジェロントロジーの研究をやっている段階ですが、それが本当に連携して融合したときに、この学問の理論や方法論が確立すると思います。したがって、ジェロントロジーは、伝統的な学問分野とは多少異なる形で発展していくと思われます。

最長寿国の日本にジェロントロジーが根づいてないことが、帰国を決意した一つの理由です。日本で行うならば、東大で始めるのが一番よいと考えた

二五年あまりの間、アメリカで研究を続けて来られてきたわけですが、すでにアメリカにいる頃から日本全国の高齢者の調査を実施されていますね。

一九六〇年後半の学生運動が盛んなときに東大に在学し、それが終息すると多くの同級生が欧米に出ていきました。私も七二年にアメリカに留学しました。日本の大学に失望したからです。大学院に在学中あまり勉強できなかったので、思いっきり勉強したかったことも理由です。学位を取得した後も、私たちの世代の多くは留学先から帰って来ませんでした。私も夫も同級生の多くもアメリカやヨーロッパの大学に残りました。

ただ、八七年から日本の高齢者調査を行うことになり、私は定期的に帰国するようになりました。当時、欧米の国々では人口高齢化の基礎データを着々と蓄積しているのに、日本ではそうした動きがありませんでした。数千人を対象とする調査には、相当の費用が必要で

す。当時、欧米でデータを収集しているのは主として大学の研究所でしたが、費用は国から出ていました。しかし、日本はそういう調査に費用を出さなかったのですね。

仕方がないので、アメリカ政府の科学研究助成機関に申請したら、初回調査の費用を全額助成してくださいました。自国だけでなく、世界の人口の高齢化を視野に入れて、グローバルな研究戦略を持っているのです。経済大国である日本の調査をアメリカの税金を使って行うことに、片身の狭い思いをしたのを覚えています。全国の住民基本台帳から無作為に抽出した六〇歳以上の六〇〇〇人足らずの人たちを八七年以来、三年ごとに追跡調査しています。二回目の調査からは厚生省（現在は厚労省）が調査費の半額を助成してくださるようになりまして、それ以後は日米政府で半々の負担で調査を続けています。二〇一二年秋、八回目の調査を予定しています。

一九九七年に東京大学に着任されますが、その理由はなんだったのですか。

いわば日本に愛想尽かして、アメリカに行ったわけですが、外から見ていると、日本は思ったほど悪い国ではないことに気づきます。日本にないアメリカの悪いところもたくさん見えてきます。殊に、経済的格差と、そこに起因する社会不安は想像以上でした。当時、日本の平均寿命は驚くべき速度で伸びていました。最近、満足度の国際比較が話題を呼んでいますが、平均寿命の長さや延伸の速度は、その国の健全性を評価する一つのよい指標だと考えられます。

日本の長寿化を外から感嘆して見ていましたが、日本人が長生きするようになると同時に、出生率が極端に低下して、人口に高齢者の占める割合が高くなる、人口の高齢化がどんどん進んでいきました。それなのにジェロントロジーを研究している大学はない。アメリカではジェロントロジーの研究・教育が急速に進展しているときでした。

何回目かの全国調査で帰国したときに、東大から非常勤講師の依頼を受けました。社会心理学という分野で調査方法を教えることになったのですが、一カ月の集中講義を終えて、アメリカに帰るときに常勤で来ないかとお誘いをいただきました。私はそれまで日本に帰ることは考えてもいませんでした。夫も子どももアメリカにいますし、当時在籍していたミシガン大学では非常に恵まれた研究環境におりました。

しばらく考えた末に日本に帰ることを決意しました。最長寿国の日本にジェロントロジーが根づいていないことが、帰国を決意した一つの理由です。ジェロントロジーの研究者を養成する大学がない。日本で行うならば、東大で始めるのが一番よいと考えました。もう一つは、東大に女性の教員が極端に少なかったことです。社会心理学の研究室では学部の学生は男女半々くらいでしたが、大学院生は女性のほうが多かった。それなのに女性の教員は一人もいませんでした。後続世代の女性のキャリアに道筋をつけられるのであればと願い、お引き受けしました。

実際に東大でジェロントロジーを立ち上げるまでに困難があったと思います。いつから軌道に乗り始めたのですか。

一九九七年に帰ってきて、私は社会心理学の研究室で研究と教育に携わりましたが、学際的なジェロントロジーを立ち上げることは願いつづけてきました。しかし、予算も教員も文科省から縦割りの学部に配分されるので、分野横断の組織を立ち上げることは極めて困難でした。

事態が動きだしたのは、二〇〇四年に大学が法人化されてからです。大学の執行部にある程度の裁量権が与えられ、当時の小宮山宏総長の強いリーダーシップのもとで、二〇〇六年に高齢社会総合研究機構の前身であるジェロントロジー寄付研究部門という総長室直轄の分野横断の組織が誕生しました。これは企業からの寄付で新設されました。三年間の寄付研究部門が終了した後にジェロントロジーの研究・教育の必要性が認められ、二〇〇九年により恒常的な高齢社会総合研究機構が設立されました。

考え方も経験も異なる人たちが一緒に取り組むには、共通のフィールドの課題を解決するのがよい

一方で、近年は超高齢社会の課題を解決するため、具体策を考案してやってみるという、まちづくりに取り組まれていますね。まさに学術の世界を超えて、地域の自治体や住民との共同で行う作業です。このプロジェクトはどのように立ち上げられたのでしょうか。

日本では人生五〇年、六〇年と言われた時代が長く続きました。そうした時代は人口が若い人が多くて、年寄りが少ないピラミッド型をしていて、それに対応するような社会インフラがつくられました。現在の都市計画、住宅、交通機関のようなハードのインフラも、医療や福祉、教育の制度のようなソフトのインフラもピラミッド型人口に対応したものなのですね。

ところが二〇三〇年には、日本人口の三分の一を高齢者が占める。しかも七五歳以上の人口が全体の二割に達する。高齢者の四割が一人暮らしをしていると予測されています。現在のインフラが機能不全をおこすのは明らかです。急いでつくり直さなくてはいけません。

できるだけ早い取り組みが必要ですが、学術分野の縦割りのなかではうまく対応できない。しかし、東大は総合大学で一〇学部あるので、全学の知を結集してやればできると考えました。ただ、どのように取り組むのがよいか、それを思案しました。いままで一緒に仕事したことがほとんどない、考え方も経験も異なる人たちが一緒に取り組むには、共通のフィールドを持って、そこの課題を解決するのがよいと思いました。そこで、首都圏と地方から、ごく平均的なコミュニティを一つずつ選んで、そこの課題を洗い出して解決するというプロジェクトを立ち上げました。それが千葉県柏市と福井県福井市です。私たちは二〇〇九年から、この二つのコミュニティで長寿社会のまちづくりの社会実験に取り組んでいます。東日本大震災以降は、岩手県の大槌市と釜石市の復興にも関わっています。

まちづくりの社会実験には、経済学、医学、工学、行政学、心理学、教育学などの研究者が一緒に参画しています。最初は社会科学系と工学系のメンバーが一緒になって議論するのが新鮮でしたね。二〇三〇年対応のまちづくりにはいろいろ難題がありますが、工学系の人はすぐに「あ、それは簡単」と言うのです。たとえば都市に顕著な人間関係の希薄化も、遠隔地に住む高齢者の医療の問題も、「それは簡単、ＩＴで解決できる」と。その方法は必ずテクノロジーなのです。彼らは常にテクノロジーによる解決策を志向しています。一方、私たち社会科学系の人間からすると、情報工学的に考え出されたＩＴ機器を必ずしも高齢者がうまく使えるとは思えず、議論が個人の価値観や社会制度の問題にまで発展すると、ああで

もないこうでもないと、どんどん哲学的な方向に行ってしまう。でもそういう社会科学系のメンバーにとっては、工学系の発想がとても新鮮であり、反対に工学系の人から見ると、問題を抱える当事者の視点から課題にアプローチする私たちがきわめて新鮮という感じです。

　はじめは同じ言葉を使っても専門分野によって意味が違っていたり、みなが空に向かって、各自の分野の重要性を主張しているという印象がありましたが、そのうち他の分野の発言に啓発されたり、有用な情報を得られることに気づいてきました。たとえば、高齢者のための携帯電話を開発している人が、七五歳以上の高齢者一〇〇人にテストをしたいと言う。工学部で、そんな大勢の高齢者を見つけようがない。そこに、高齢者を対象に社会教育のプログラムをやっている教育学のメンバーが、「簡単だから言ってくれ」という話になる。さらに、こういう文献がありますよ、こういう簡単な評価尺度がありますよ、という情報が飛びかう。専門外のことになると、時には学部生がするような質問をして教え合いながら、徐々に自由闊達に議論し、支援しあう協力関係が形成されてきました。

経済学者シュンペーター[2]は、イノベーションとは新結合だ、と言いました。他の分野との結びつきのなかで新しいものができる。要するに、イチゴ大福みたいなものですね。長寿社会のまちづくりといったときに、福井市のプロジェクトから見えてきたことはありましたか。

福井に最初に行ったときに、県庁を訪れて気づいたことは、職員の多くが長男であるということです。一家の跡取りとして大切に育てられた方々です。田畑があるので、職場をリタイアしたら農作業をしながら孫の世話をするというように、決まった役割があります。そういう方々に聞くと、「日本中で福井が一番いい」ということになる。では彼らの奥さんはどうかというと、リタイア後に必ずしもそういう生活を望んではいません。

どういうことかというと、福井県は夫婦共働き世帯数が日本一で、女性は仕事と家事と子育てをずっとしてきています。リタイアしたら子育ても終わっており、年金収入もあるので、今度は自分の好きなことをしたいと本心では思っているのですね。しかし、三世代家族が一般的なので、女性がリタイアしたら孫の世話をして家事も畑仕事もするのが当然と考えられています。そうして働き続けて足腰が弱くなり、家事や孫の世話ができなくなったら特別養護老人ホームへ、というのが多くの女性にとってはお決まりのライフコースなのです。こういう従来のライフコースに、彼女たちは少なからず不満を抱いています。福井のような地方型のコミュニティでは、団塊の世代あたりの女性たちから変化が起こるだろうと思います。

2 ヨーゼフ・シュンペーター…一八八三―一九五〇年。オーストリアの経済学者。企業者のイノベーションが経済発展の原因であることを主張した。著書に『経済発展の理論』『経済分析の歴史』など。

とはいえ、現在八〇代、九〇代の女性たちは、従来の慣習にしたがって人生を全うする人がほとんどです。駅の近くに建ったマンションのほうが、便利で快適な暮らしができますよと言われても、ご先祖から受け継いだ自分の家から離れようとはしません。何百年も続いている家も多く、たとえ古い大きな家に独りになっても、家とお墓を守らなければいけないという意識が強い世代の人たちです。バリアフリーで床暖房、雪かきもいらない生活があっても、そういう世代にとっては自分とは関係のない世界にしか思えないのです。

福井市のような広域で、医療や公共のサービスを効率的に提供するために、コンパクトシティが提案されています。それを成功させるのが難しいのは、八〇代、九〇代の人々の意識を変えて、心を動かすことができないからですね。でも、その下の世代は違った感覚を持っているということでしょうか。

八〇歳、九〇歳になって、こんなに長生きするならもっとお金を大切にすればよかった、もっと足腰を鍛えておけばよかったと思っても、もう遅いのですね。一方で団塊の世代は、そういう親の世代が徐々に老いていく姿を見ています。親世代はお姑さんたちの世話をしてきたので、子どもたちが面倒みてくれると期待しているかもしれない。しかし、団塊の世代は、子どもが面倒を見てくれるとは思っていません。半面、爪に火を灯すような生活をしても子どもに財産を残そうという気もない。自立して、安心して快適に生活できるのであれば、ある程度のお金をかけてもよいと思っています。たとえば、老い支度のために早めに住み替えをするとか。やはり団塊世代あたりで高齢者の価値観やライフスタイルに大きな転換があると思われます。

かつて、団塊の世代がリタイアしたら、ホームシアターが売れるとか、世界一周のクルーズが売れるとか、巨大なシルバー市場を狙ってマーケティングリサーチ会社が商品のアイデアを出しましたが、実際に団塊世代がリタイアしてもそんな夢のような商品は売れていません。親の老いを見ている彼らは、自らの高齢期に対して堅実な考え方をしています。彼らは、そうした贅沢な生活を志向してはいません。これから九〇歳まで、いかに安心で快適な生活をするかを計画して、それにはある程度お金をかけてもよいと考えているのです。

そういう計画性は、先ほどの福井での男性と女性の考え方の違いからすると、女性のほうがあるのではないですか。

そう思います。自分たちは自分たちの生活、子どもは子どもの生活と割り切って、便利で快適なマンションに移るのも、女性が主導権を握って進めるケースが多いようです。実際に移ってみると、昔ながらの段差だらけの古い大きな家で、三世代家族で暮らす生活とは随分違います。男性は不自由をしていないので保守的ですね。てきぱきと先を見通して行動するのは女性が多いです。

カリスマ性や強いリーダーシップよりも、異なる分野の強みをうまく引き出してつなぐコーディネイト力が求められる

福井は生まれ育った土地に人々が住んでいるところですが、千葉県柏市は日本経済の高度成長期に地方からきた若い人々が住みついたというコミュニティですね。柏市のプロジェクトには、どのような特徴があるのですか。

柏市にはどのような課題があるか洗い出すことから始まったのですが、そのための体制づくりに予想以上に時間がかかりました。行政側も縦割り組織ですから、なかなか前に進まない。まちづくりに取り組むには自治体といろいろ掛け合う必要があります。当初は、それは交通課に行け、農政課に行け、何々課に行けと言われ、それぞれの担当課と交渉を始めましたが、相互に連携がないため、一つの課で通ったことが他の課で通らなくて振り出しに戻る

ことも珍しくありませんでした。共通の目標に向かって、必要な担当課が参加する部局横断の組織をつくるのに一年以上かかりました。もともと福井は、既存の制度や慣習を守る風土があるので、体制づくりにも時間がかかると予想していました。柏市はもう少しスピーディにいくかと思っていたところ、縦割り組織の壁に阻まれました。しかし、いったん部局横断の組織ができると、そのあとはさまざまな案件が早く進むようになりました。

人の意識が変わるのですね。役所の人たちが連携するようになりました。縦割り組織に部局横断のチームをつくるには、組織内にキーパーソンを見つけることが最も重要です。このようなまちをつくりたいという夢を私たちと共有できる人、信念と情熱を持って、一つ一つ組織の壁を乗り越えてチームをつくっていける人です。そうすれば、多くの不可能が可能になります。

これは役所側だけでなく、私たち大学の側にも同じことが言えます。私が長年在籍したミシガン大学で、同様の分野横断の組織ができたとき、まだ駆け出しの教員として上部の動きを観察していました。高齢社会では医療が担う役割は大きいので医学部の教授がリーダーシップをとると、工学部や経済学部はついていきません。逆に都市工学の観点から工学部の教授が先導すると、こんどは医学部の人たちが反発するというふうに強いエゴがぶつかって容易にまとまりませんでした。東大のなかで分野横断の組織をつくるにはたくさんのハードルを越えなければなりませんでしたが、メンバーのぶつかり合いはなく、同じ目標を目指して結束して行動しました。私のようにお金にも命にも権力にもあまり縁のない社会心理学を専門とする女性がコーディネーター役をつとめたことが、かえってよかったのかもしれません。分野横断の組織づくりにはカリスマ性や強いリーダーシップよりも、異なる分野の強みをうまく引き出してつなぐコーディネイト力が求められると思います。

日本の多くの高齢者は働けるだけ働きたいと願っている。経済的な理由がゼロではないにしても、「人の役に立ちたい」という思いからです

ジェロントロジーというのは、学術研究的な部分と、まちづくりのような実際的な部分を行ったり来たりする性格のものですね。超高齢社会において、私たちが解決していかなければならない問題をどうとらえていますか。

超高齢社会に生まれた私たちの課題は大きく二つあると思います。一つは九〇年の人生をいかに設計し、どう生きるかという個人の課題。もう一つは人口の高齢化にともなう社会インフラのつくり直しという社会の課題です。

まず個人の課題についていえば、日本では長い間、人生五〇年時代が続いてきましたが、いまや人生九〇年時代、人生が倍くらいの長さになりました。人生が五〇年と九〇年では生き方はおのずと異なります。本来なら人生九〇年の生き方をしなければならないのに、いまだに五〇年の生き方をしている。

人生九〇年への変化は、単に人生が長くなっただけでなく、人生を自ら設計する自由度が増したことも意味します。かつてのような卒業、就職、結婚、子どもの誕生と続き、家庭と職場を往復しながら六〇歳定年退職まで同じ会社で働く。こういった画一的な人生モデルは、すでに社会規範としての効力を失いつつあります。かつてはこうしたレールに乗っかって生きることがみんなの目標だったわけですが、さまざまな人生設計が可能な時代になりました。特に人生の後半については多様な設計が可能ですね。新たなライフデザインをどうつくっていくか、それは私たち一人ひとりに託された課題です。

もう一つは社会の課題です。人生九〇年あればまったく異なる二つのキャリアを持つことも可能です。一つの仕事を終えて、人生半ばで次のキャリアのために学校に入り直すという人生設計もありえます。しかし、いまのように若い人だけを想定した教育制度のもとでは、第二、第三のキャリアを形成するのは難しい。やはり、いろんな人生設計が可能な社会インフラをつくっていかなくてはいけません。

前にも申しましたように、私たちが暮らしている社会は、若い人が多くて高齢者が少なかったピラミッド型の人口構造をしていた時代につくられたままで、長寿社会のニーズには対応できません。ごく身近な例では、現在の横断歩道は一メートルを一秒で歩く人を基準にしてつくられていますが、そのスピードで歩けない人が急激に増えてきます。横断歩道の真ん中で立ち往生する高齢者が多数あらわれることになります。医療も、車を運転したり、バスや電車に乗って病院に行けることが前提になっていますが、近い将来、それができない人が多くなります。でも自宅で医療を受けることができれば安心ですね。こうした社会インフラの問題点を一つ一つ見直して、まちをつくりかえる。そのためには、ジェロントロジーのような医学も都市工学も教育学も取り込んだ学際的な取り組みが必要なのです。

九〇年の人生を通して、いかに社会に関わり続けるかという問題も重要になりますね。社会参加で一番よいのは「働く」ことです。私はいずれ定年制はなくなると思っています。

いますぐに定年制度をはずしてしまうことは困難ですが、徐々に柔軟な雇用、就労制度に移行していくのがよいと思います。

統計的にみても、日本人の八割は七五歳頃までは元気なので、そういう人は働く。働ける限り働きたいという日本人は多いですね。しかし、満員電車で通勤してフルタイムで働きたいとは思っていない。人生後半はマラソンの後半戦のように健康面でも経済面でもバラつきが大きいので、自分で時間を決めて働けるようなフレキシブルな就労システムが求められています。柏市のまちづくりでは、それをコミュニティで実現することを目指していますし、企業でもそういう努力が必要だと思います。地域や企業に高齢者の働ける場をつくり、そこで働いて納税する、そして消費する。何歳になっても収入があれば消費しますね。

私が長く暮らしたアメリカでは、多くの人がアーリー・リタイアメント（早期退職）を望んでいます。キリスト教の影響でしょうか、基本的に労働は苦役と考えています。したがって、できるだけ早く労働から逃れたいと考える。一方、日本の多くの高齢者は働けるだけ働きたいと願っています。その動機は経済的な理由がゼロではないにしても、「人の役に立ちたい」という思いからであり、それが生きがいにもつながっていく。日米のこうした価値観の違いは、高齢社会のありようにも大きく影響します。高齢になっても働き続けたいという日本人の労働観は、持続可能な高齢社会を築くうえでは大きな資源となります。

高齢者の社会参加がなければ、長寿社会のコミュニティは持続可能性を備えることはできない

ただ、そういう日本人の価値観が活かされていないのがいまの日本社会ですね。高齢者が働くようになれば、その人たちが働きやすい環境をつくるためにビジネスが生まれます。たとえば三日働いて四日休むという就労環境をつくるには何が必要かと考えれば、そこには新たなビジネスの芽がたくさんあるはずです。

私が高齢者の就労の場をつくると言うと、それによって若い人たちの仕事がますますなくなってしまうと言われます。マクロ経済学の専門家に意見を訊きましたが、高齢者のための雇用創出が必ずしも若者の雇用を奪うとことはないということでした。

とはいえ、高齢者が働く場はひどく限られています。そこで、東京の典型的なベッドタウンで、今後大勢の団塊世代がリタイアして終日を過ごす柏市では、セカンドライフの就労の場として八つの事業の立ち上げに取り組んでいます。まちに点在する休耕地を活用した野菜

農園、大規模団地の屋上には屋上農園、空き住居はミニ野菜工場に転換し、そこで収穫した野菜や果物を売るファーマーズマーケット、それらの食材を使ったコミュニティ食堂、配食サービスに取り組んでいます。その他に質の高い学童保育の塾を創設し、そこではリタイアした元商社マンやロボット技術者が子どもたちの教育に携わっています。紙おむつリサイクル工場も計画中です。

休耕地農園、屋上農園、野菜工場では、高齢者に優しい農法を開発するためのビジネスが動き出しています。農法だけではなく、高齢になっても格好よく働きたいというニーズに対応するためのファッションや農機具の開発など、新しいビジネスの可能性は広がっていきます。

リタイア後は家で終日テレビを見て時々散

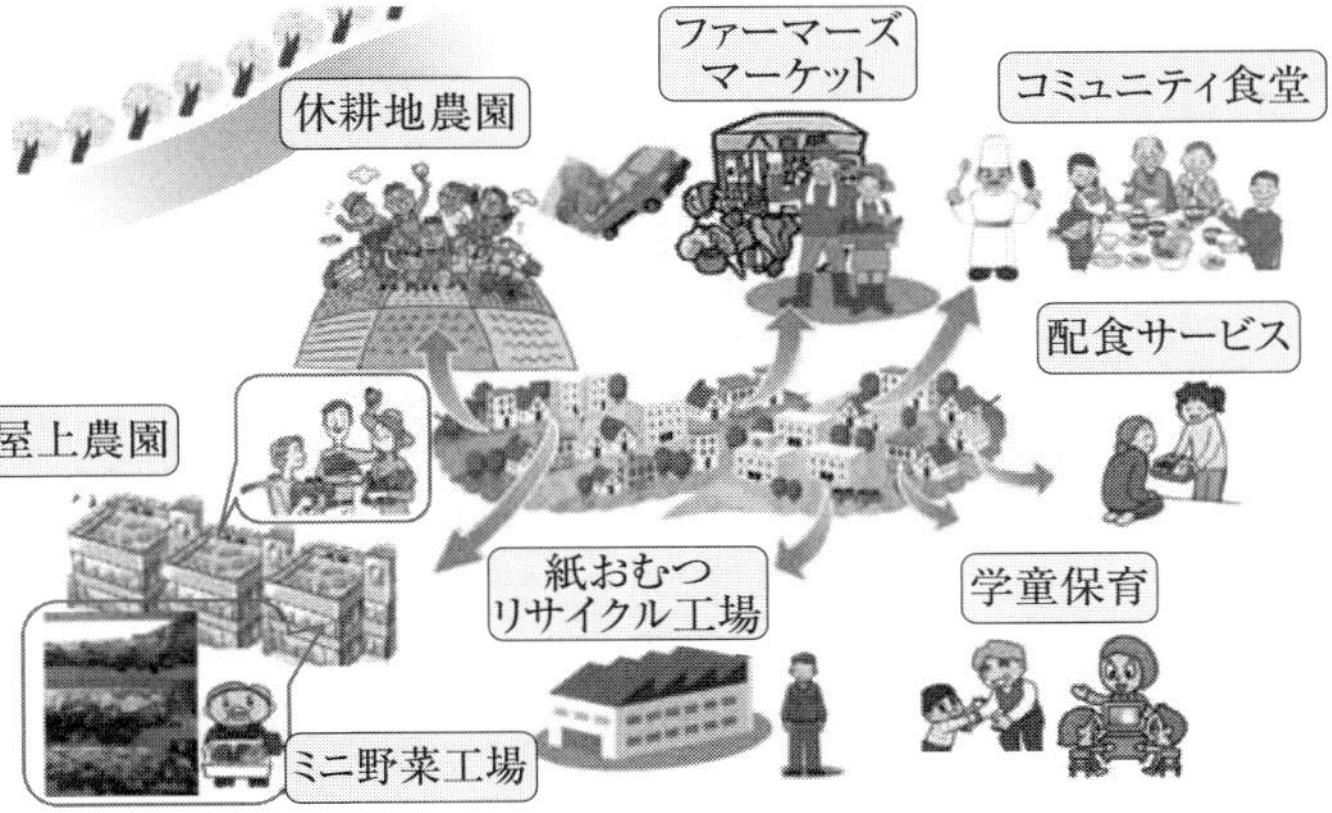

セカンドライフの就労の場

歩に出かけるような生活をしていた人たちが、土に触って真っ黒になって農作業をすることによって、身体機能や認知機能に変化が生じます。地域に知り合いもなく孤独だった人に仲間ができます。働いた収入で仲間とビールを一緒に飲んだり、旅行に行ったりして生活にハリができます。そうした就労の効果を科学的に測定しています。また、屋上農園では、住む場所と働く場が非常に近いし、最近盛んになっているポット栽培をすれば、車いすの人も農業に携わることができます。元気シニアだけが働くのではなく、身体が弱っても時間を減らして、たとえ一週間に数時間でも家から外に出て他の人たちと一緒に活動することができるまちにしたいと思います。

これらの事業に安定した雇用を提供し、採算的にも持続可能なかたちで経営するのはたいへんなことです。いまは大学が研究としてアイデアも出すし、事業の立ち上げも支援していますが、二年後には大学は後方に退いて次のプロジェクトに移行する予定です。そのときには自立して事業を回していけるようになっていなくてはならない。そのためにいまさまざまな土台づくりをしているところです。

大学はもっと長期的に関わってもよいのではないですか。というのは、人生九〇年時代に何が必要で社会のどこを直さなければならないかといった問題は、これからたくさんの研究や実証実験を必要としますね。海外でそれを担うのは多くの場合、政府系シンクタンクです

が、残念ながら日本では育ってきませんでした。そうなると、その代わりをするのは大学しかありません。大学はもっと深く社会の変革をリードする役割を担うべきだと思うのですが。

たしかに大学はそういう役割を果たしていくべきだと思いますが、一つのプロジェクトに永久的に関わることよりも、次の新規性のあるプロジェクトを立ち上げていかないと新たな研究費を獲得できないという事情もあって、柏市のプロジェクトも一応五年で目鼻をつけたいと考えています。

とはいえ、いまの日本では、ＮＰＯの平均寿命が三年とか言われているように、元気なリーダーがいなくなると新規事業がまるごとぽしゃってしまうのはよくあることです。安定した雇用を供給するために今回のプロジェクトでは、八つの事業すべてにその業界の大手企業やその道のプロに参画してもらっています。企業は常に採算を考えていますから、参画するとなれば本気でコミットしてきます。また、長寿社会のビジネスモデルを大学と一緒に実験して、業界他社に一歩先んじようと虎視眈々と成果を狙っています。そういう姿勢のあるところと組んでいくこともまちづくりでは重要です。

大学が後方に引いたあとに、それらの事業のフィールドであるコミュニティがうまく回っていくにはどうしたらいいか。それについてはプロジェクトを始める前にいろいろ議論しました。行政のどのレベルと組むのが最良かを考えました。国と組むこともできるし、県レベルの可能性も模索しましたが、結局人々の生活の場に根ざすことが求められるプロジェクトですから、まちを単位にやっていこうと決めました。いずれにしても、高齢者の社会参加がなければ、長寿社会のコミュニティは持続可能性を備えることはできないと考えています。

アメリカでも高齢社会に対応するモデル事業はたくさん行われています。しかし、よい結果が出ても、州を越えて広がりません。アメリカでは州の自治が強いので、そもそも広がらないようなシステムになっています。その点で、日本では自治体のお役人にはさまざまな批判はありますが、粒ぞろいの人材がいて中央官庁からの指令が全国津々浦々まで広がりますよね。したがって、平均的なまちで汎用性の高い優れたモデルをつくることが大事だと考えています。

社会の課題を解決するために、学問はもっと貢献すべきである

世界的にみて、日本はジェロントロジーの開始が遅かったかもしれませんが、とりわけ実践的な部分では急速に進展しています。今後、ジェロントロジーは学問の体系としてどうい

う方向に行くのでしょうか。

現在、独自の学問としてのジェロントロジーの立ち位置に関しては、国際的にもホットな議論がなされています。アメリカの場合、ジェロントロジーに関連する学会が多数あり、教育制度も充実しています。ジェロントロジーに特化した国の研究助成機関もあります。ただ、ジェロントロジー教育のあり方については意見が分かれており、それに関する論文がたくさん出ています。学際的な歴史をもつ学問であることに起因すると思われますが、独自の方法論をまだ確立していないことは大きな問題です。

日本のジェロントロジーもまだ見えていない部分がありますが、現実の社会を変えていくことを目指す研究には、現実社会をフィールドとする「アクション・リサーチ」が適しています。フィールドの課題を解決する仮説を立て、介入実験をして、評価をするというアクション・リサーチは今後さらに重要となっていくと思われます。私たちは社会実験による介入によって、個人の生活の質（QOL）とコミュニティの質がどのように変化したかを科学的に評価をして知見を積み重ねています。経済的な評価も行っています。まちづくりにどれだけ費用がかかり、何人の高齢者に雇用を提供できたか、税収や医療費の変化、地域経済の活性化などの指標も開発していく必要があります。現在はまだ未完成な研究方法であるアクション・リサーチがジェロントロジーの方法論の中核を担っていくのではないかと思います。

そういう意味で、二つのコミュニティにおけるプロジェクトのような社会実験を繰り返しながら、学問の方法論が確立されていくことになるでしょう。

これはジェロントロジーに新たな展開をもたらす取り組みなので、私たちのプロジェクトは注目されています。国内だけでなく、高齢社会の先進国である北欧諸国やジェロントロジーを牽引してきたアメリカからも見学や取材が頻繁にあります。彼らに共通の関心はまず計画そのもの、つまり私たちの高齢社会に対する構想です。そして、その構想から研究計画を立案し、ひとつひとつ丁寧に社会実験のフェーズを踏んで、科学的にも社会的にも意義ある成果を得ることができるかどうかに関心が集まっているのだと思います。つまり、私たちが長寿社会に資する新たな科学を創出できるかどうかということです。

科学というと仮説をつくり、実験室のなかですべての条件をコントロールしてそれを検証する方法が一般的です。今回、私たちが福井市と柏市で展開している社会実験は、従来の科学の方法とは異なる手法です。現実の社会の課題を直接的に解決し得る科学を追求しています。

学内の研究者や卒業生の方々からも、私たちのプロジェクトに対してさまざまな評価や意見をいただきますが、科学に対する考え方によって評価が分かれます。「これは学問なのか、サイエンスと言えるのか、東大がやることなのか」といった評価と、一方で「東大がこんなことを始めたのはすごい」という評価は両極です。新しい試みに対する評価は分かれることが多いですね。

とはいえ、いろいろな専門の研究者が関心を持って、仲間は多くなりました。一人一人が専門分野を持ちながら、異分野と連携して取り組む課題解決型のジェロントロジー研究に魅力を感じて参加した人たちで、大きな戦力になっています。私は、社会の課題を解決するために、学問はもっと貢献すべきであると思っています。

社会に問題があるから個人が苦しんでいるのに、気持ちの持ち方を変えれば楽になりますよ、と人々を煙に巻くのはけしからんと思った

そもそも秋山先生がジェロントロジーの研究に進もうとしたきっかけはなんだったのですか。

きっかけと思われることは二つあります。一つはきわめて個人的なことです。私は、祖父母にとって非常に遅い初孫でした。まさに目にいれても痛くないほどかわいがられて、おじいちゃん、おばあちゃん子で育ちました。夜も祖父母の部屋で寝ていましたから、年寄りの

呼吸や気持ちが自然にわかるようになりました。祖父母は息子二人を戦争で亡くしていましたが、達観した生き方をしていました。それでも老いていくことに対する不安や寂しさがあることを、祖父母のそばにいて感じました。大勢の人が訪ねてくるのですが、ほとんどが高齢者でしたので、高齢者にもいろいろな人がいるのだなと子ども心に思いましたね。高齢者はとても身近な存在だったのです。高齢者と一緒にいることが私にとっては自然で、若い頃の経験談などはとても興味をもって聴いていました。そんな個人的な体験があったので、高齢者や高齢社会の研究にごく自然に入っていったのだと思います。

もう一つは、学生時代からの研究関心の経緯です。私は学部学生として臨床心理学を学びました。カウンセリングのはしりの頃です。その後、学生運動の影響もあったと思われますが、カウンセリングはまやかし以外の何ものでもないと考えるようになりました。社会に問題があるから個人が苦しんでいるのに、気持ちの持ち方を変えれば楽になりますよ、なんて人々を煙に巻くようなことはけしからんと思ったのです。臨床心理学の権威であった指導教官に私の気持ちを率直に伝えました。臨床心理学が何たるかもまだ知らない生意気な学生の抗議を先生は穏やかに受けとめ、方向転換を認めてくださったばかりでなく、それから数十年にわたり亡くなられるまで応援してくださいました。

そう宣言して、私の興味は臨床心理学から、社会の課題解決へと移っていきました。それからは社会の課題や変化にたいへん敏感になりました。しかし、社会に関心が移ったとはいえ、私の視点は常に生活者の視点であり、つまりは心理学の視点なのですね。社会保障の制度設計のようなマクロの立場より、あくまでも生活者に寄り添ったミクロの視点から、個人が健やかに、幸せで、生きがいを持って生き生きと暮らせる社会を実現するためには何をすべきか考えてきました。その流れで、日本が世界に先駆けて迎える超高齢社会において、高齢者の生活に関心を抱いたのは自然なことでした。

一九七二年に私が大学院生としてアメリカに行った頃は、ジェロントロジーという学問がまさに萌芽した時期でした。当時のアメリカの大学では、異なる分野の間で葛藤がありました。あちらではもう徹底的に議論しますから、お互い罵倒し合うような熾烈な闘いになります。でもそういう議論を経て、ジェロントロジーという学際的な科学が学問として構築されていく過程をずっと内側から観察することができた。そういう時期に居合わせたことは大変幸運だったと思います。その経験をベースに、アメリカで三〇年かかったことを日本では一〇年でやろうと考えています。時間がないですし、日本には他の国にはない好条件が多々ありますので一〇年でできると確信しています。

アメリカはまだまだ若い国であり、若くてエネルギッシュで強いことが価値を持っています。社会の価値観が高齢社会に合致しているとは言えません。日本には労働観、人のつながり、生老病死の人生観など、長寿社会を支え得る価値観がたくさん存在しています。

アメリカで「枯れた美」と言っても理解されません。侘び寂びのわかる年齢になることで、むしろ人生の豊かさを実感できるなどという理屈も通じないでしょう。そういう点で、長寿社会や高齢者の研究のフィールドとしてアメリカの限界を感じたことは事実です。それが日本に帰ってきた理由の一つです。個人主義のもと自立を求められるアメリカ社会と、「お互いさま」といいながら芯の部分では自立しましょうという日本社会では、長寿社会のコミュニティのあり方は大きく違ってきます。

長年、高齢者の生活を追っていると、生活の諸側面が密接に関連していることに気がつきます。糖尿病や認知症にかかることは、病気になったという健康上の問題だけにとどまりません。あらゆる面で、生活をしづらくします。経済状態にも、家族や友人との人間関係にも影響して、コミュニティとの関係も変化していきます。高齢者の健康や幸せは、病気が治るか治らないかといった医学の枠を超えて、治らない病気を抱えながらも、いかに人生の最後を豊かに過ごすかという統合的な科学をいまの日本社会に要請しています。これは挑戦しがいのあるテーマです。

知と思考力2——データ蓄積と実証実験

秋山先生の専門分野であるジェロントロジー（老年学）という学問分野は、まだまだ世間に広く知られていない。一方で、その学問がテーマとして取り上げている課題、すなわち超高齢化社会の問題の真っ只中で私たちは暮らしている。それは年金、介護、医療などの社会保障分野での歳出が増大していくという国家レベルでの財政問題だけでなく、一人暮らしで孤独死する老人、徘徊する認知症老人、あるいは世界的に見ても多すぎる寝たきり老人といった身近なレベルの問題でもある。

「少子高齢化」という言い方がよくされるが、少子化と高齢化は別の課題である。出生率の高いアメリカには少子化はないが、高齢化は日本と同じように直面している。また、多くの先進社会は高齢世代を若い現役世代が支えるという、世代間補助システムができあがっている。しかし、それは富士山型の人口構成であれば成り立つが、私たちが直面しているような、すり鉢型の人口構成で成り立たないことはだれの目にも明らかである。放っておけば年々つじつまが合わない状況になる。すなわち、国の歳入と歳出のバランスが成り立たなくなるのである。

また、日本独特の課題として、諸外国と比べて寝たきり老人が多いことが挙げられる。老人は寝かせておけば「寝たきり老人」になるのであり、起こせば「起きた老人」、歩かせれば「歩く老人」になる。たとえば、東京都武蔵野市のムーバスのような低床の小型バスやオンデマンド・バスなどの便利な交通手段があれば、「歩く老人」が増加することはすでに実証済みである。しかし、「歩く老人」がどこに行き、何をするかということはまだはっきりしていない。病院に通っているだけではあまり意味がない。したがって今後は、「目的と責任感を持って動き回る活動的高齢者」をどう増やしていくかが高齢化社会の経営における重要な課題設定といえる。

社会参加をした活動的高齢者は寝たきりになる確率も低く、また介護費だけでなく、医療費も低く抑えることができることはすでにわかっている。したがって、寝たきりにならない、活動的な高齢者が増えていくことは社会福祉のコストを抑えることにも効果があり、それが就労という活動であれば年金のあり方にも影響して、消費という面からもプラスになるはずである。社会参加を推進するとなれば、それは行動範囲からいって、地域コミュニティが中心になるはずである。

以上のような問題意識を持って秋山先生のお話をお伺いした。ジェロントロジーという、多様な分野にまたがる学問としてまだまだ確立する途上にあり、また一般に広く知られているとは言い難い学問を開拓しておられるが、苦労話というより、意気軒昂な話を大きな期待感を持ってお聞きした。学問としての方法論はデータの蓄積による分析と、実際のコミュニティにおける実証実験との両方である。しかし、どちらも時間がかかるアプローチである。

秋山先生が集めてこられた高齢者のデータは、一九八〇年代の後半から同じ集団に対して三年ごとに調査を行うという形で、すでに三〇年以上続いている。このようなデータを同じ枠組みと方法で着実に積み上げていくことで、コーホート分析、すなわち同じ年齢の集団が、加齢によってどのような変化をしていくかの分析が可能になり、日本で初めて高齢者の価値観、生活感、身体能力などの情報を得られたといえる。その結果、身体能力における個人差の実態がわかったのである。

このようなデータは本来、国レベルで、たとえば厚労省が中心になってだいぶ前から蓄積に取り組んでいないとおかしいのである。しかし、秋山先生がこのようなデータ収集のプロジェクトを企てられたとき、日本でその意味を十分に理解する省庁も組織もなかったため、アメリカからの資金で作業を開始したのだということである。

秋山先生が実証実験の場所として福井市と柏市を選んでおられるが、きわめて的確な選択であると感心した。「伝統的に確立しているコミュニティ」と、「東京のベッドタウンで長い歴史を持っていないコミュニティ」との対比による実証検証であるというだけではない。他の地方都市ではなく、福井市であるというところに意味がある。福井県は有業主婦が多いにもかかわらず出生率が日本で沖縄に次いで高い県であり、これは主婦にとって仕事と育児は両立しがたいという一般通念に沿っていない。その理由は祖父母が育児の負担を担っているからだと言われている。ただ、秋山先生によると、それは祖父母というより祖母であり、彼女たちはそのような現実に不満を抱いていて、意識が変わりつつあるようだ。

福井市でこれまでの伝統的な祖母の役割から抜け出し、自立的な老後生活を組み立てる女性が増えていくとすると、育児のあり方が変わってくるのではないか、それによって福井県の出生率が影響を受けるのではないかということを感じた。そうならば、これまで祖母が担ってきた役割の受皿が求められてくる。福井県も日本の他の地域と同じように働く主婦を支える仕組みが必要であることに変わりがないようだ。それが高齢化時代のコミュニティに変わる道筋をつけることになるのであろう。

まず、「高齢化社会の経営」に関するしっかりした構想が必要だが、その基本はたぶん、「年齢不詳化社会」という視点で組み立てることである。すなわち、高齢者を年齢で切り分ける伝統的ともいえるセグメンテーションから抜け出すという発想である。みなが同じように年老いていくわけではない。個人差が拡大していくことは、秋山先生の蓄積されたデータが証明した。高齢者と一括りにできない時代である。多様な健康条件、生活感覚、価値観を持った高齢者が増えていくであろう。この状況にどう対処するかが重要なポイントになってくる。

（横山禎徳）

すばる望遠鏡をつくるプロジェクトマネージャーになるのは、
自分にとって最高の道だなと思いましたね。
ところが、人生は思ったとおりにはいかなかった

技術と方法を結びつける応用力

東京大学名誉教授、
法政大学理工学部創生科学科教授
銀河天文学

岡村定矩

Sadanori Okamura

東京大学名誉教授，法政大学理工学部創成科学科教授．／1948 年生まれ．東京大学理学部天文学科卒業，同大学院理学系研究科天文学専攻修士課程修了，同博士課程単位取得（理学博士）．日本学術振興会奨励研究員，東京大学東京天文台木曽観測所助手，東京大学天文学教育研究センター木曽観測所助教授と国立天文台助教授を併任，東京大学理学部天文学科教授，同大学院理学系研究科教授，理学系研究科長・理学部長，東京大学理事・副学長，東京大学国際高等研究所長を経て現職．／専門は銀河天文学と観測的宇宙論．銀河・銀河団の構造と進化に関する観測的研究をしている．可視光と近赤外線の観測に基づいて，宇宙初期の銀河・銀河団とそれらが織りなす大規模構造を探査し，それらが現在の姿にどのように進化してきたかを描き出す．観測手段としての多様なモザイク CCD カメラと天体画像処理システムの開発も行ってきた．ハワイ島にあるすばる望遠鏡の主焦点広視野カメラ Suprime-Cam の開発責任者．／著書に『銀河系と銀河宇宙』（東京大学出版会），『オックスフォード天文学辞典』（監訳，朝倉書店），『宇宙観五〇〇〇年史――人類は宇宙をどうみてきたか』（共著，東京大学出版会）など．／2001 年大和エイドリアン賞，2004，05，06，07，10 年 日本天文学会欧文研究報告論文賞を受賞．

宇宙はいかにして誕生し、どのような進化を経て、今日の姿になったのか。この壮大な問いを観測データに基づいて実証的に明らかにしようとする天文学者。天体観測と情報処理の技術が飛躍的に進歩するなか、ハワイ島のすばる望遠鏡カメラなどの開発も自ら行ってきた。この幅広い活動を支えるバックグラウンドに迫る。

ここ四〇年ほどで天文学はものすごく変わった。いまは新しい宇宙観の幕開けと呼ぶにふさわしい時代

広大な宇宙を知りたいというのは、人類の果てしない夢でした。宇宙の大きさはどれくらいなのか、私たちのほかに生命は存在するのか、そうした未知の空間をめぐる謎は尽きません。岡村先生は最新技術を駆使して、銀河の構造を観測し、宇宙の進化の解明に挑んでいます。それは「観測的宇宙論」と呼ばれますが、どのような考え方と方法なのでしょうか。

宇宙は「ビッグバン」と呼ばれる熱い火の玉状態で誕生したわけですが、そのとき高温・高密度であったため、恒星や惑星などの天体はありませんでした。それが膨張につれて温度

が下がり、宇宙を満たすガスの密度にむらができたのをきっかけとして星が生まれて銀河ができ、多様な銀河が散在する現在の宇宙となりました。この宇宙一三七億年の歴史の詳細を明らかにするのが宇宙論です。

その観測的な研究手法は単純です。宇宙では遠くを見れば過去の姿が見えるので、ひたすら遠方の銀河を探して、その性質を時間の順に並べてみれば宇宙進化の歴史がわかります。しかし、少し前までは、何十億年も昔の銀河を観測できなかったので、宇宙論は主に理論的な研究分野でした。最近は一三〇億年昔の銀河まで観測できるようになりました。そこで実際の観測データに基づいて、実証的に宇宙進化の歴史を解明できるようになりました。この分野を観測的宇宙論と呼んでいます。宇宙の基本構成要素となる天体は銀河な

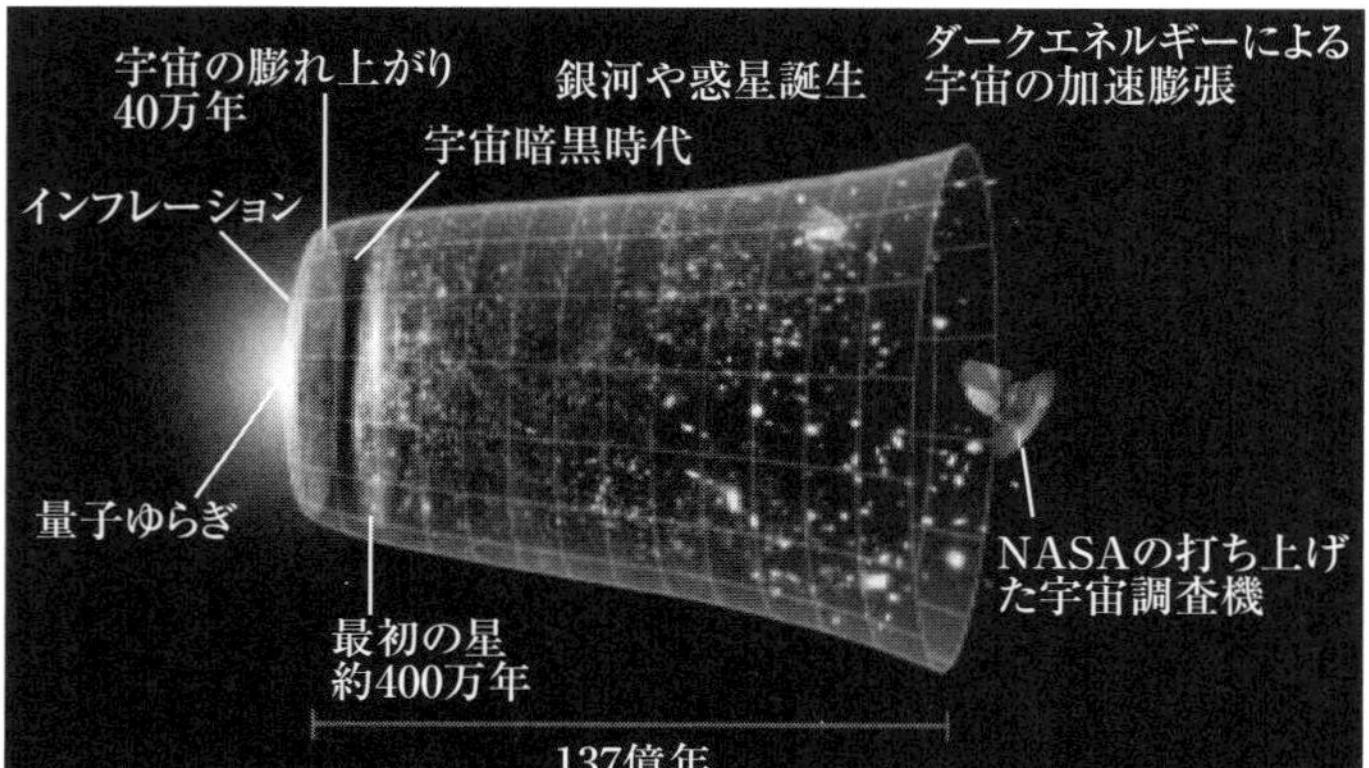

宇宙の進化図（NASA のウェブサイトより改変）

ので、その構造や性質を研究する銀河天文学が観測的宇宙論にとって重要な役割を果たしています。

岡村先生は観測手段として、望遠鏡のＣＣＤカメラ、天体写真画像の処理システムなどの開発も自ら行っています。近年の技術の変化をどうとらえているのでしょうか。

人類は何千年もの間、宇宙からの光を観察するのに、肉眼以外の手段を持っていませんでした。ガリレオが四〇〇年前に自作の望遠鏡で夜空を覗いたときに、人類の宇宙を見る能力は劇的に変化します。とはいっても、それが肉眼であるかぎり、見える宇宙の範囲はごくわずかです。十九世紀半ばに写真が登場して大きな進歩がありましたが、二〇世紀後半になって人類はさらに新しい眼、ＣＣＤ（電荷結合素子）というデジタルの眼を手に入れました。

そのおかげで、ここ四〇年ほどで天文学はものすごく変わりました。見える宇宙、見えない宇宙ともに、いまは新しい宇宙観の幕開けと呼ぶにふさわしい時代です。観測技術と情報処理技術ともにすさまじい勢いで革新が進んでいます。一九七〇年代初頭に私が大学院で教わっていたことの半分は、「もうそんなの化石だよ」という話になってしまっている。当時はまだ、近くの銀河しか見えてなくて、一〇個くらいの銀河の写真を一生懸命に撮って、それを画像処理して、光の明るさを測るなんてことをやっていた。そして、こういう形の銀河はこういう性質を持っているのではないか、あるいはその形を決めている物理法則は何かといったことを観測から探ろうとしていました。七〇年代にCCDが登場するや、これまで観測していた銀河よりも遥かに暗い無数の銀河が存在することが見える時代になった。いまではパソコンを触るだけで、電子の眼がとらえた何十万個、何百万個の銀河のデータを得られるような時代です。

宇宙のより遠くを見たいと願うことは、より暗いものを見ようとすることです。このためには、望遠鏡を大きくする方法も有力ですが、一方で天体画像を記録する方法が改良されれば、より遠くからの微光を観測できるようになります。CCD は大まかにいえば写真より一〇〇倍の高感度です。光の検出器の感度が一〇〇倍になるということは、単純に言えば望遠鏡の口径が一〇倍になることに相当します。つまり、写真からCCDへの転換は新たな大型望遠鏡なしで天体観測の最前線を大きく広げたことになるわけです。

事実、CCDが活用され始めた七〇年代から、その後二〇年ほどの間、望遠鏡の大型化はあまり進んでいません。七〇年代といえば古典的な四メートル級望遠鏡が全盛を迎えていた時代ですが、九三年に口径一〇メートルのケック望遠鏡が完成するまで望遠鏡の革新は起こらなかった。しかしこの間、CCDと天体画像処理技術の進歩によって天文の世界には大きな成果がもたらされました。

われわれのグループは、天体写真画像のデジタル処理システムの開発ではかなり頑張ったのですが、写真は一九九〇年代に天文観測から姿を消しました。そこで、ＣＣＤで広い視野を得られるモザイクＣＣＤカメラの開発を始め、画像処理ソフトにもそれに合わせた改良を加えて行きました。

そして再び、望遠鏡の大型化の時代がきています。現在は八メートル級の望遠鏡が世界で一〇台以上稼働しています。日本がハワイ島に建設した、すばる望遠鏡もその一つです。まさに集光力や視野の広さで天体観測の最前線が広がりつつあります。他の望遠鏡に類のない広視野を持つ、すばる望遠鏡の主焦点広視野カメラ「スプリームカム」はわれわれのグループが開発したものです。

次のターゲットは、三〇メートル望遠鏡（Thirty Meter Telescope＝ＴＭＴ）です。ＴＭＴは、すばる望遠鏡の後継機となる光学赤外線望遠鏡で、二〇一九年の完成を目指して国際プロジェクトとして進められています。すばるのような一枚鏡ではなく四九二枚の複合鏡で、すばるの一三倍の集光力と三・七倍の解像力があります。二〇一九年にハワイで試験観測を開始する予定ですが、これが稼働すると、天文学での成果のみならず物理学や生物学など分野を横断した科学的成果が期待できます。

膨大なデータの中から面白そうなデータを探すことが、研究の一つの重要な手法になってきている

天文学をめぐる技術はますます進展しています。そうなると、研究の方法もがらりと変わりますね。思考のプロセスにも影響するでしょう。若い人たちは、現在の状況をわかってこの道に進んでくるのですか。

新しい学生たちは、現在の状況をわかっています。むしろ昔のやり方をまったく知りません。グラフ用紙に銀河のデータを一個ずつ点で打ったことのある学生はもういないですよ。グラフに点を手で打っていた世代と、コンピュータにプログラムを入れると画面に何万という点が一気に打たれる世代では、ものの感じ方は違うと思いますね。何をもって出てきた結果を信じるのかという観点も違ってくるのではないでしょうか。論文のかたちも変わりました。いまは膨大な量のデータを集めて、際限ないほどの精密な解析をしないと論文にならないと、この間も若手の研究者がぼやいていました。彼らに言わせれば、岡村さんたちの頃が

観測的宇宙論の古き佳き時代だったと。それほど隔世の感があります。

しかも、いまや可視光以外の電磁波を観測する望遠鏡も開発されているわけです。宇宙にある天体からは、ガンマ線から電波まであらゆる波長の電磁波が地球に届いていますが、それらのうち多くのものは大気によって吸収されてしまうため、地表まで届くのは可視光と近赤外線、電波のみなんですね。

それら地表に届くもの以外の電磁波を観測するには、人工衛星などを使って大気の外から観測しなければなりません。しかも電磁波は、波長によって検出の原理と技術が大きく異なるため、それぞれ波長ごとに観測する望遠鏡が必要となります。すべての波長の電磁波を観測して天体で起こっている現象を総合的に理解しようとする試みが、現在活発に行われています。

これは「多波長天文学」と呼ばれていますが、その実現は天文学の究極の目標の一つでもあるのです。この一〇年あまりでX線、紫外線、赤外線観測の分解能（どれだけ細かな構造まで見ることができるかという能力）は地上からの可視光観測の分解能に匹敵あるいはそれを凌ぐまでになっています。さらには、宇宙からの情報を得る手段は電磁波にとどまらず、ニュートリノ、宇宙線、重力波にまで広がっています。ニュートリノの観測では、岐阜県神岡町の地下にある東京大学の実験装置スーパーカミオカンデが有名です。地球大気に突入する高エネルギー宇宙線を観測するための望遠鏡も世界各地に建設されています。

天文学の世界も大量データの時代を迎えていますね。近年ビジネスの世界では、日々大量に生み出される情報の管理が企業の経営を圧迫するような事態さえ起きています。情報爆発という言葉はネガティブな意味で使われることも多いですが、ギガ、さらにテラのデータの世界に入っている天文学の分野では、どのように対応しているのでしょうか。

天文学でもデータマイニング[1]という言葉が流行って、データを一つ一つ積み上げていくのではなく、これだけのデータの中から面白そうなデータを探すにはどうしたらいいかを考えることが、研究の一つの重要な手法になってきています。

全波長で天体を観測するのが目標といいましたが、大規模な天文データベースを運用するデータセンターがたくさんあります。そういうところは、蓄積したデータを世界中に公開している。天文の世界は、データの公開が非常に進んでいるといえます。データ取得の一年後から遅くとも二年後には、自動的に全世界に公開されます。

しかも、全波長による大規模なサーベイ観測が次々と展開されるようになり、かつては波長ごとに研究者コミュニティも分かれていたのが、最近では相互交流がとても盛んになって

1　データマイニング…種々の統計解析の手法を用いて大量のデータを分析し、隠れた関係性や意味を見つけ出す技術。

きています。波長ごとに研究チームが分かれていたというのは、波長の異なる電磁波は観測技術が大きく異なるため、別々に研究を行っていたんです。しかしいまは、お互いに緊密な関係にならないと、全波長での観測データを使う研究はできませんから。そうやって、天文データベースは、質量ともに一新されながら膨れ上がっているのです。

すでにあるデータを使う分析でしたら、パソコンの前に座ったままでできます。適したデータがない場合だけ、空のこの部分を、この波長で、この分解能で、この暗さまで見たいという観測提案を、すばる望遠鏡などいろいろな天文台に提出することになります。

いま、みなさんはすべてをデジタル化して保存しようとしていますが、私のように昔の記録媒体から現在までの経緯を知っている者にとって、この先のことには懐疑的ですね。昔は紙テープに穴を開けて情報を書いていた。そんなテープを読める機械はもうありません。紙テープはいまも私の手元に残っていますが、中に刻まれた情報を読み出すことはできないのです。

紙テープから磁気テープへ、そしてDVDへと、記録媒体の変遷とともに重要なデータは入れ替えて持ち続けてきましたが、それが次の世代になったとき、いま持っているデータをすべて移し替える労力は、少なくとも私個人の能力を超えています。DVDが出てきたときに、これは半永久的に使える記録媒体と紹介されたけれど、そういうわけではなかった。新しい記録媒体でも、おそらく事態は変わらない。そしてあるとき、データの移し替えが物理的な限界に達して「もうやめた」ってことになり、データの記録に不連続が生じるのではないかと真面目に危惧しています。

デジタル化すれば永久保存できる、というのは幻想でしかない。三〇〇年くらい先の歴史家が、「二一世紀の初めって、人類はいたらしいけれど記録が全くない。どうなっているんだ。まさに暗黒時代だね」なんて言い合っているかもしれない。残っていくのはロゼッタストーンだけかもしれませんね。

地球外生物の発見を探るというのは、分野横断的な学問です。天文学の大きな方向性の一つなんですね

素人好みのテーマとして、地球と同じような惑星があるのかという話がありますが、実際はどうなんでしょう。

そのテーマは、おそらく天文学でいま最も盛り上がっているテーマではないでしょうか。昔から火星人がいるとか、他の星にも知的生命体がいるとか、そういう話は人類共通の関心

事でしたからね。

じつは私も、けっこう面白いと思っているんです。なぜかというと、宇宙の進化については、大筋のストーリーはわかってきたとみんな思っているんです。もちろん、ダークマター[2]やダークエネルギー[3]など皆目わからない問題はありますし、最初の星がどうしてできたかといった難しい話は残されていますが、ダークマターの塊の中でガスが自分の重力で収縮して星や銀河ができて、いまのようになったという大まかの流れはわかってきた。あとは少々細かいところに興味がいっている状態。

それよりはるかに未知の世界が広がっているのが、太陽系外惑星の話です。太陽以外の恒星の周りにも惑星があるのではないかと考えるのは自然なことで、実際にそのような惑星の探索は一九四〇年頃から始められました。延々探し続けて、もう見つからないのではとあきらめかけた頃、九五年にやっと一個見つかったんです。それで探索のやり方がわかった。そうしたら今度は太陽系外惑星ラッシュですよ。どんどん見つかっている。二〇一二年三月時点で五五九の惑星を持つ恒星と七〇一個の惑星が発見されているんです。

見つけ方がわかったというのは、具体的にはどのようにするのですか。太陽系以外の惑星がそれだけ発見されると、これまでの常識を覆すような事実がわかってくるかもしれませんね。

最も広く用いられている探査方法は視線速度法（ドップラー法）とトランジット法という二つの方法です。中心の恒星がとても明るいので、そのすぐ近くにある格段に暗い惑星を直接見るのは至難の業です。この二つの方法は、ともに見えない惑星の影響を観測して、間接的に惑星の存在を証明するものです。視線速度法は、中心星の視線速度（われわれに近づいたり遠ざかったりする速度）の周期的な変化を検出します。惑星の公転に伴って中心星もわずかに揺さぶられているので、それが視線速度の周期変化となって現れるのです。その周期変化の振幅は惑星が重いほど大きいので、振幅から惑星の質量を推定できるのです。トランジット法は、たまたま惑星の公転軌道面が視線と平行に近い場合に、惑星が中心星の前面を通過する間、中心星が惑星に隠されることによってわずかに暗くなることを観測するものです。どれくらい暗くなるかで、遮蔽する面積がわかるので惑星の半径が推定できるわけです。この両方の手法が使える惑星では、質量と半径が推定できるので、平均密度が推定できてガス惑星か岩石惑星かが判定できます。そうやって、たくさんの太陽系外惑星が発見されました。

太陽系以外の惑星を見つけて何が面白いかというと、それは二つあります。一つは太陽系

2　ダークマター…観測されている物質の数倍も宇宙に存在すると考えられている正体不明の物質。
3　ダークエネルギー…宇宙の膨張を加速させる原因となっている正体不明のエネルギー。

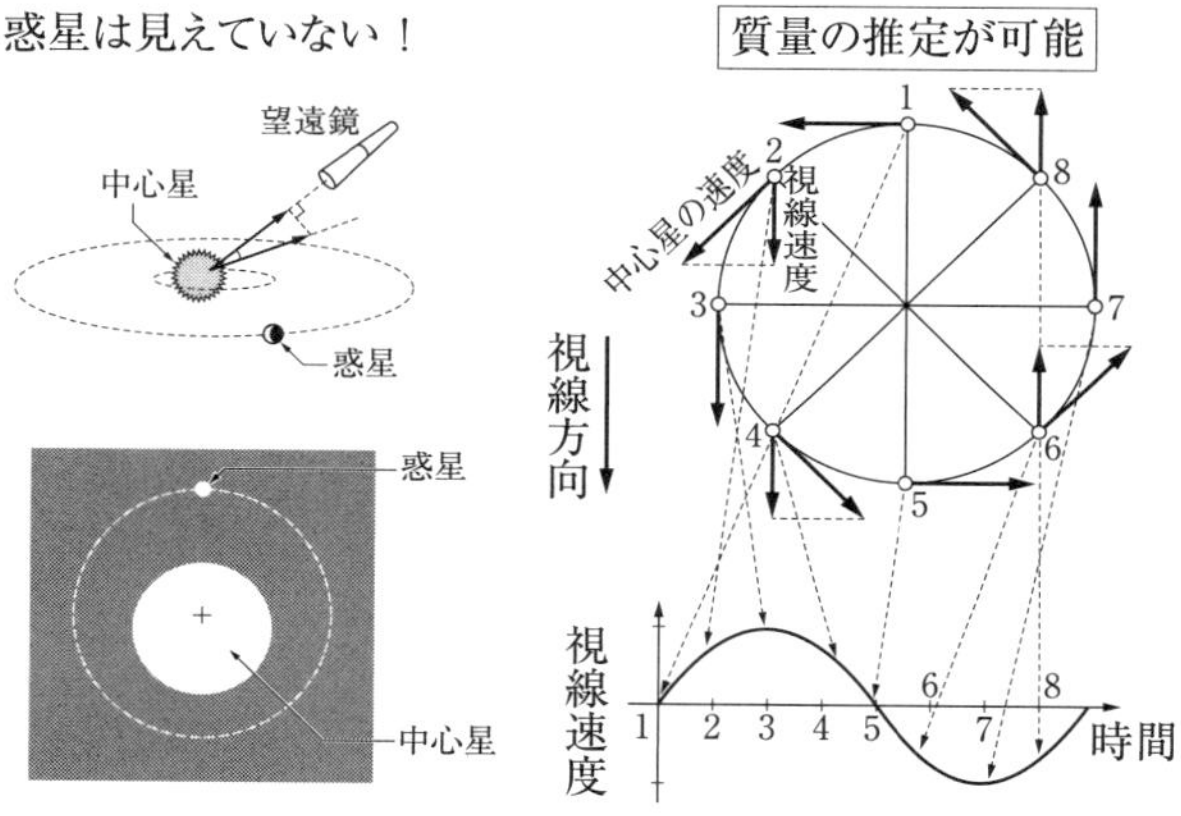

視線速度法（ドップラー法）

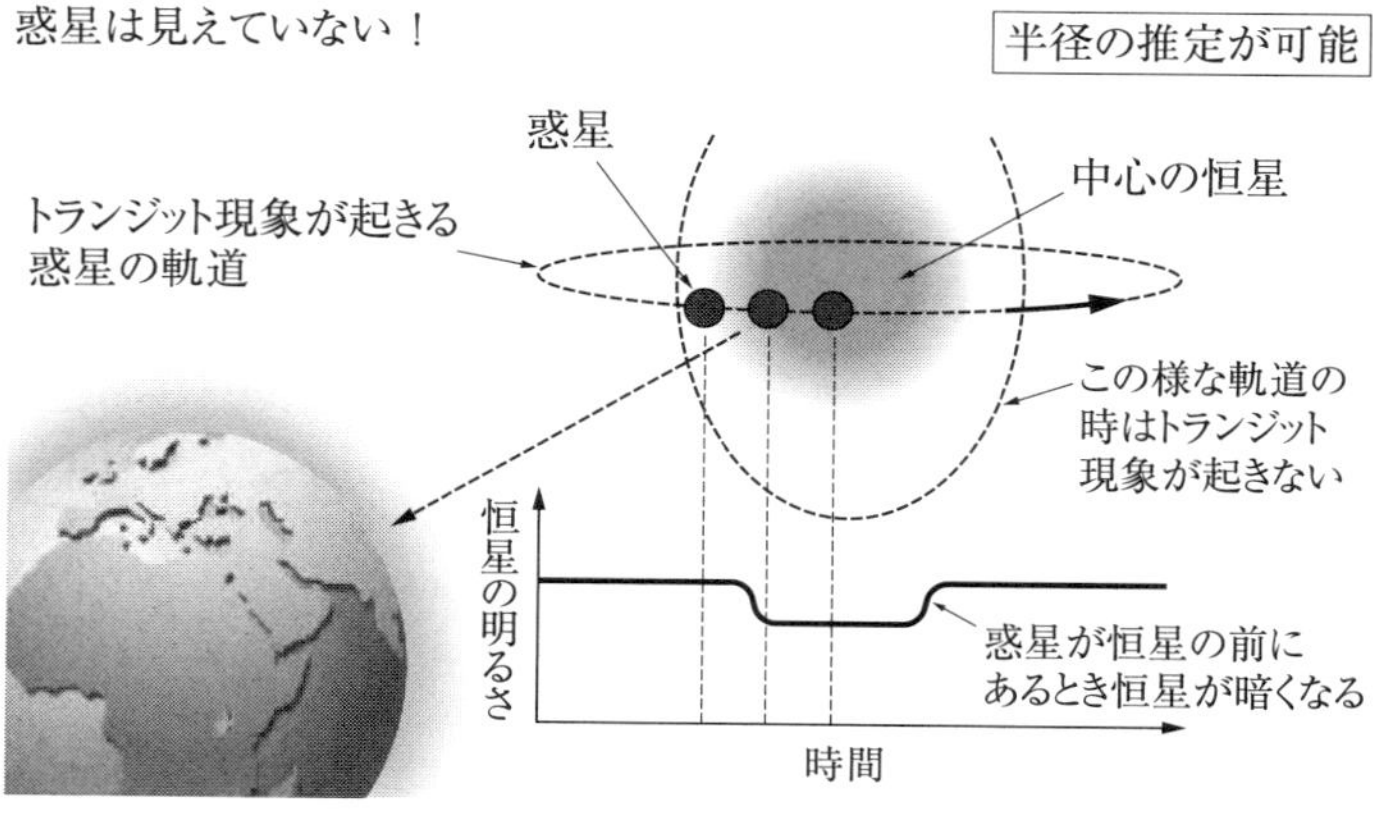

トランジット法

以外の惑星系と太陽系を比べると、太陽系とは全く違う世界が当たり前ということです。太陽系というのは、子どもの頃習ったように、水金地火木土天海……という並びになっていて、内側には水星、金星、地球、火星の小さな岩石惑星があり、木星から外にいくと硬い表面のないガスからできている惑星となり、さらに外にいくと天王星、海王星など再び岩石や氷でできている惑星がくる。なぜこのような配置になっているのかを説明するのが現在の「惑星系形成論」でそれなりに成功を収めているのです。

ところが、新たに見つかった他の惑星系を見ると、木星のような巨大なガス惑星が、太陽系でいえば水星よりも内側に位置して、中心星の周りを数日で公転しているものがあった。このような惑星は「ホットジュピター」と呼ばれています。そうかと思えば、ハレー彗星の軌道のように扁平な軌道をもつ惑星も多く存在する。これらは「エキセントリック・プラネット」と呼ばれています。こうしたことが次々とわかってきて、太陽系における惑星の並び方や、太陽系ではほとんどの惑星が真円に近い軌道で回っているといった事実は、惑星系の一般的な特徴ではないことが明らかになった。むしろ太陽系のほうが特異な姿をしているということがわかり、太陽系の特徴を説明できるように組み立てられてきた現在の惑星系形成論は根本的に見直しを迫られているのです。

そうなると今度は、太陽系の特殊性を説明する理論が必要になります。安定性を考えると、たしかに太陽系は不安定です。木星のような巨大ガス惑星があんな位置にあってなぜ安定性を保っているのか、逆にそのことのほうが不思議なのです。むしろこれほど特殊な惑星系が四十億年以上も存在していたことをどう説明するのかというテーマが、いま物理学や力学の理論としては最も面白い展開になっているんです。

もう一つの面白い点は、地球外生物の発見の可能性ですね。宇宙の中で生命が誕生するのに適した環境というのは、表面の温度が〇度から一〇〇度の間の惑星ということになります。太陽系でいえば地球と火星の間ぐらいの範囲。この範囲にある岩石でできている惑星を探すというのが、次のターゲットです。これまでもずっと探してきて、時々新聞に出たりしたわけですが、二〇〇九年にＮＡＳＡがケプラー[4]という観測衛星を打ち上げたとたん、三カ月で一二〇〇個以上の惑星候補を見つけて、そのうちの五四個が「ハビタブル・ゾーン（生命居住可能領域）」にあったんです。この五四個を一生懸命観測すれば、もしかしたらその表面に水があるかもしれない。まさに、こうしたことを調べるために三〇メートルという大きな口径の望遠鏡が必要なんです。

こうしたテーマは天文学とは別の分野に思われますが、天文学抜きではあり得ません。アストロバイオロジー（宇宙生物学）と言います。かなり分野横断的な学問です。アメリカでは非常に流行っていて、日本でもようやく機運が高まってきています。この領域は、天文学が将来に向けて進む大きな方向性の一つなんですね。

生命体が見つかったといっても、人間と同じような高等生命であるのか、バクテリアのような原始生命体であるのかはわかりません。でも万が一、地球のような惑星が見つかって人間と同じような知的生命体がいると考えたら胸が躍ります。ただ、そうだとしても、結局は交信などできませんね。離れ過ぎていて、こっちから「おーい」って言って、二〇〇年かかって伝わって、向こうからの「おーい」が戻ってくるまでさらに二〇〇年、あわせて四〇〇年かかるといった話です。ですから見つかっても、私たち人間にとって何にもならないといえば何にもならないんですね。それでもって天文学なんてどうせ役に立たないよと言われたりするわけですが（笑）。

オリオン座の星雲の写真を見たときに、夕陽が雲を照らして、玄界灘に沈む光景が浮かんだ。天文学者になろうと決めた瞬間だった

岡村先生は子どものときから星が好きで、将来は天文学をやりたいと思っていたのですか。どのような少年時代を過ごされたのでしょう。

4　ケプラー観測衛星…太陽系外惑星を探すための宇宙望遠鏡を搭載した人工衛星。トランジット法によって、惑星候補を検出する。

私は子どもの頃から天文学者になりたかったわけではないのです。天文学者になろうと思ったのは高校生のときでした。私は山口県の西端の片田舎で生まれ育ちました。海からは二、三キロしか離れていないところの四〇〇メートルくらいの山の中で、小さな沢が流れている近くに、私の家が一軒だけ建っている。隣の家の灯は見えないけれど、山の向うに五〇キロメートル離れた北九州の明かりがうっすらと見えるようなところでした。夜になるとも
う周りは真っ暗闇。獣道みたいなところを一時間近く下って、ようやく山陰線の駅に着くというところです。高校は下関市まで通っていたのですが、片道二時間二〇分。電車は一時間に一本。三年間ここに通い詰めました。

要するに、文化などとは縁がなく、世の中どうなっているかまったくわからないところで育ったわけです。ラジオはありましたが、テレビは中学三年生になるまでなかった。外国というところがあることすら小学校の頃はわからなくて、中学になって英語の授業が始まったとき、日本語をローマ字で書くのではダメなんだと初めてわかったくらい（笑）。だから、将来何になりたいかなんて考えもしませんでした。そもそも世の中にどういう商売や職業があるのかをわかっていなかった。

高校で下関に通うようになっても、事態はあまり変わらなかったですね。それでも最初に考えついたのがパイロット。ところが私は赤緑色盲で、それではなれないことがわかった。その後、ジャーナリストと天文学者のどちらかになりたいと考えました。学校の行き帰り、

山を歩いていてくたびれるとレンゲ畑に寝転がってよく空を見上げました。周りに明かりはないので、月が出れば明るいし、新月のときは暗い。月も星もじつにきれいでした。そんな体験があったので、天文学者は選択肢に入っていたんです。

でも決定的だったのは、高校の図書館で見た天体写真集でした。パロマー天文台の二〇〇インチ望遠鏡で撮った写真が集められたもので、一九五三年に初版が出ている。オリオン座の馬頭星雲が、この本では「オリオン座の暗黒湾」と紹介されているのですが、この写真を見たときに、「おお、きれいだな」と思った。白黒とはいえ、ちょうど夕陽が雲に当たっているみたいじゃないですか。私の家からは玄界灘が見えて、夕陽が雲を照らして沈むところを毎日見ていた。その光景がすぐに頭に浮かんで、宇宙にもこんな美しい世界があるんだと思った。これはもう天文学者になろうと決めた瞬間です。

そして調べたら、天文学科があるのは東大と東北大と京大しかない。じゃあ、東大を受けようということで受験して、運よく受かりました。理学部への進学もうまくいって天文学科に入ることができた。こうしていままで天文で飯を食えているという意味では、とても幸せな人生を過して来たと思っています。

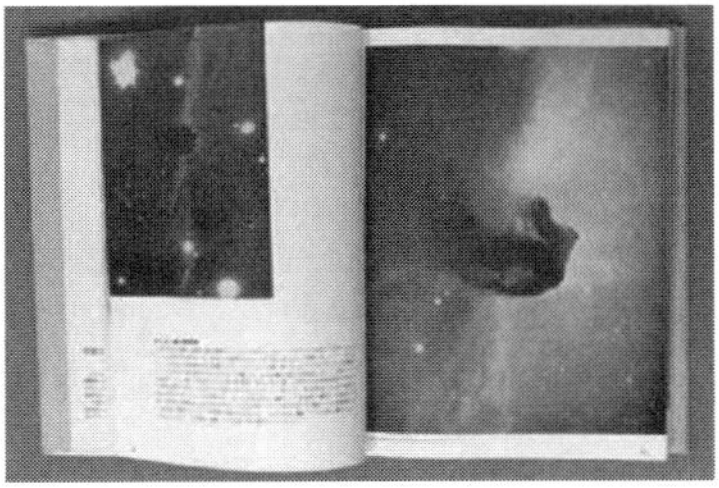

『天体写真集――200吋で見る星の世界』(鈴木敬信編,誠文堂新光社,1953年)

しかし、当時は東大紛争の時期でもありました。一九六九年、安田講堂の落城によって世間的には終止符を打ったわけですが、私にとってはそれが本当の意味での大学時代の苦悩の始まりでした。これからどう生きるのかという重いテーマを、あのときに突きつけられたのだと思います。このまま東大にいて将来搾取階級になるよりは、郷里で百姓を続けて静かな人生を送るほうがよいのではないかとさえ思いました。親友に説得されて退学は思いとどまったものの、授業が再開されてもなかなか元の生活には戻れなかった。大学院入試になんとか合格して進路は決まっても、未来の展望は見えませんでした。

私は思い切ってしばらく日本を離れて、世界を見てやろうと決心しました。半年間ヨーロッパやアジアをまわる旅をくわだて、仲間四人と実行に移しました。安田講堂事件からちょうど二年後の冬、横浜港からナホトカに向けて旅立った日のことをいまも覚えています。ナホトカからハバロフスクまでシベリア鉄道で、そこからモスクワまでは飛行機に乗って、さらにヨーロッパへと列車を乗り継ぎました。日本からハンブルクに車二台を送っておいて、その車でヨーロッパ各国を走り回った後、トルコに渡ってイラン、アフガニスタン、パキスタンまで行って五カ月間の旅を終えました。人との出会いもいろいろありましたが、そのときの経験は私の人生に大きく影響しています。

ヨーロッパよりも、アジアの田舎で貧困のなかで暮らす遊牧民の生活に妙な共感を覚えました。実際には、彼らは貧困ではなかったのかもしれませんが。そこには自分の子ども時代の風景とも通じるものがありました。アフガニスタンのカンダハル郊外の砂漠のような平原で見た満天の星と天の川はいまも記憶に鮮やかです。こんなに有名な町になるとは当時想像もできませんでした。大学の仲間は、「岡村はもう戻ってこない」と思っていたようですが、旅行が終わってアルバイトで借金返済のめどが立った頃、私は「憑き物が落ちた」かのごとく、一年落第ということで大学院に戻ったのです。

当時、大学は騒然として勉強する環境になかったですからね。言ってみればギャップイヤーを過ごされた。大学院に進んだ頃、天文学は新しい展開を見せはじめていたわけですよね。

この道を歩み始めた頃、天文学は非常に面白い時期でしたね。どんどん進歩していくのも見てきたし、そのなかで新しいことがいろいろわかっていった。いまでこそ三〇メートルなんていう巨大望遠鏡が計画されていますが、当時は八メートルの望遠鏡でさえ、できるとは思わなかった。

一九七八年に私は木曽観測所（当時の東京大学東京天文台木曽観測所）の助手になって、それ以降一三年間そこにいたのですが、すばる望遠鏡をつくるとなったとき、木曽観測所もそのプロジェクトに深く関わることになったんです。口径八メートルの大型望遠鏡の建設と聞

いて、そんな望遠鏡をつくることができるのは自分にとってすごくいい道だなと思いましたね。プロジェクトマネージャーになれたら最高だと。

ところが、人生は思ったとおりにはいかなかった。八八年に東京天文台が国立天文台へと改組されるにあたって東大の天文教育はどうするのか、という問題が持ち上がったんです。解決策として、旧東京天文台の一部を東大理学部に残して、天文学教育研究センターという部門を新設するという話になった。それで、私のいた木曽観測所が、その新設センターに移ることになったんです。木曽には広い視野を鮮明な像で得られるシュミット望遠鏡が整備されていたので教育施設としては好都合だったんですね。岡山天体物理観測所、堂平観測所、野辺山観測所、みんな国立天文台に移っていきました。そうして木曽観測所に残った私は、結局すばる望遠鏡プロジェクトの中核にはなれなかった。

ただ、後年になって私は、すばる望遠鏡の観測装置を一つ開発することになるんです。先に述べたスプリームカムという超巨大デジカメなのですが、これは私たち木曽観測所から育ったグループがプロジェクトを立ち上げて実現したものです。木曽観測所にあったシュミット望遠鏡を使って、広い視野の画像を長年撮っていたので、同じように夜空の広い領域を一度に撮影できるものをつくろうと考えたわけですね。嬉しいことに、それがいま、すばるで最も活躍している装置になっています。その性能をさらに向上させた後継機「ハイパースプリームカム」が一二年夏に完成します。

天文学者は忍耐強いと言われます。ガリレイは自分の眼で、月や太陽を観測して、自分が驚いた事実をみんなに教えようとした

学問というのは、研究者の個性が出ると私は考えています。科学といってもみんなが同じ仮説をつくるわけでなく、その人の性格とか思いとか経験とか、もっと背景にある考え方が影響するのではないかと。天文学の分野では、そういうことはないのでしょうか。

天文学の分野でいえば、理論をやる人と観測をやる人がいてそこで少し違います。まず理論のなかでは、一〇〇の仮説を言って一つ当たるような人が圧倒的でしょうか。でもアインシュタインみたいに一つですごい理論を示す人もいます。ただ、理論の場合は、論文が観測で検証されて、後に間違いだったとわかっても何も問題は起きない。つまり、その時までに知られている観測結果をもとに仮説をつくって、それが数学的にも物理的にも整合性があって、新しい解釈を提示するものであれば問題ないということです。それが本当は間違いだったと判明しても、わからなかったことに対してある理解を与えるのだから、それは新たな成

果というわけです。

一方で観測のなかでは、その対象に関して大胆なヤマ狙いばかりをやる人もいれば、そうではなくて、やるべきことを一歩ずつ積み重ねていく人もいます。人によってやり方はものすごく違うんですよ。私は後者に属しています。狙うヤマを見つけるアイデアがないというのがその理由ですが（笑）。

でも、天文学の観測者に共通するのは、忍耐強さかもしれませんね。貴重な観測の結果を得られるのも、毎日の作業をきっちりとこなすというその賜物という気がします。

いまはなかなかそうはいきませんが、昔は自分が続けている観測が何の役に立つかなど考える必要はありませんでしたからね。たとえば、土星の衛星の軌道要素を精密化するために、その写真を撮り続けて、毎年一回学会発表するというような人もいました。すばる望遠鏡のような新しい施設ではなく、寒風吹きぬけるドームで延々観測を続けるんです。そして前年の計算よりもちょっと軌道の決定精度がよくなりましたと二〇年間やり続ける……。その忍耐強さは、天文学者のある面、本質的なところですね。


ガリレオ・ガリレイも、毎日望遠鏡で月を観測して、その記録を残していますね。実際のガリレイの絵の原本が残されているという話を聞いたことがあります。

『星界の報告』（岩波文庫）という本に、ガリレイが描いた月面の写生図が載っています。原著は一六一〇年にベネチアで発行されたものです。何に驚いてこれを描いたかというと、月にもこの地上と同じように山や谷があるんだということですね。

アリストテレス以来、天上界と地上界は違うと考えられてきました。天上界は、人間の住む地上界とは異なり汚れのない完全なる世界だと思われていました。でも、ガリレイは実際に自分の眼で、来る日も来る日も観測して、月の表面には地上界と同じような凸凹の地形があって、太陽も一点の曇りもない完全なものではなく陰り（黒点）があるということを知る。そして自分が驚いた事実をみんなに教えようと思ったのです。

有名なプレアデス（おうし座の散開星団）のスケッチも描かれています。おうし座の六つの星の付近には肉眼では見えない四〇以上の星が密集していることを確認して、そのうち三六個の星を記しています。それから、天の川の実体が無数の暗い星の集合であることも、彼は望遠鏡で見て初めてわかったと言っています。

さらに木星を観測していたら、その周囲に四つの遊星があることがわかり、それを「メディチ家の星」と命名して毎日その位置を観測して記録していくんです。一六一〇年一月七日からと延々と観測していきます。七日と八日の観測から、星が相互に接近したり離れたりするという思いもよらない事実を発見して、九日夜は心躍らせて星の出現を待ちわびていたのに「期待は裏切られた。全天、暗雲に覆われていたのだ」なんて書いてある。そうして三月二日まで毎日の記録を残していくのです。
口径わずか数センチのとても視野の狭い望遠鏡で、ガリレイはよくこれらを見たと思います。そして望遠鏡で見た結果を記録したのは、ガリレイが最初の人です。それが地動説の確立につながる有力な証拠となっていくわけです。

コペルニクス的転換と言いますが、最初にコペルニクスが地動説を唱えました。その後、ガリレイ、ティコ・ブラーエ、ケプラーと天文学の先人たちが天体の観測によって人類の宇宙観を覆し、科学の発展を促してきました。いずれも天文学による先駆的な成果と言えますね。

ガリレイより前に地動説を唱えていたコペルニクスは非常に注意深い人でした。地動説を発表すればものすごく大きな影響が及ぶだろうと考え、身の危険を恐れていたんです。そのため『天体の回転について』という著書は一五四三年、彼の死の直前に出版されています。死期を迎えるまで、本の出版を許さなかったのです。
コペルニクスの後に、ティコ・ブラーエが膨大な観測記録を残し、それを基礎にして彼の助手であったケプラーが惑星の楕円軌道を発見する。でもティコ・ブラーエの時代はまだ望遠鏡はなく、肉眼観測でした。大きな分度器の四分の一のもの（四分儀）をつけた部屋をつくって、下からのぞいて星の角度を測るという観測をしていました。そのようにして星の位置を精密に測ったんです。ティコ・ブラーエの精密な観測結果がなければ、ケプラーは楕円軌道を導くことはできなかったでしょう。

　ガリレイが木星の正確な観測記録を残したのが一六一〇年で、ケプラーが三つの法則を発表するのは一六〇九年から一九年にかけてです。コペルニクスの説が発表されて七〇年ほどたっています。ガリレイは宗教裁判にかけられ、ケプラーの法則も広く流布することはありませんでしたが、はっきりと地動説を支持して、後世につなげたのはこの二人だったということです。

ティコ・ブラーエの観測
(*Nordisk familjebok* より)

　ただ、ケプラーの三つの法則はあくまでも現象論でした。惑星はその当時に考えられていた正円ではなく、太陽を一つの焦点としながら楕円を描いて公転している。それから惑星の速さは惑星と太陽の距離が近いときは速く、遠いときは遅くなる。さらに惑星の公転周期の二乗は、軌道の長半径の三乗に比例する。いずれもこうなっているということだけを言ったんです。しかし、なぜそうなっているかはわからなかった。それを万有引力という物理的な根拠で証明したのがニュートンです。ですからニュートンによって地動説は決定的に確立したことになります。

いかに精密なシミュレーションモデルをつくって、いい結果を出すかということが国際的な競争の軸になっている

天文学者にもさまざまな人生がありますね。ティコ・ブラーエのように一生涯かけてデータを集める観測家もいる。テーマによっては、そういうことで一生終わるケースも天文学の世界ではまだあるのですか。

地球の観測とか、生物の観察など、長い期間でのデータの蓄積から初めて何かがわかるというテーマはたくさんあります。しかし、最近は自分の生きている時間内にデザインできるようなテーマが多いです。ただ、三〇メートル望遠鏡（ＴＭＴ）計画でやろうとしていることには、何世代にもわたっての観測になるものがあるかもしれません。ＴＭＴでは、宇宙の膨張率を直接測ろうとしています。どのようにするかといいますと、ある天体までの距離を精密に計測して、一〇年後に同じ天体の距離を再度測定する。そのスペクトルのわずかなズ

レから宇宙膨張を測ることができるというものです。もちろん一本のスペクトル線ではできないので、たくさんの線を使うわけですが、観測の精度をものすごく高めないといけません。そうしたなかで技術的な課題に挑戦しているのですが、一〇年は短いから五〇年観測して結果を出そうと考えるのではなく、五〇年観測するよりも最初から五〇分の一高い精度で観測できる方向を考えようと進んでいます。もちろん、どうしても長く観測してデータを取らなければならないテーマもあるのではないかとも思っています。

天文学の特徴を一つ言うと、実験ができないんです。物理や化学は基本的に研究者がやりやすいように、現象を切り出して必要なパラメータだけを動かすといった実験ができる。でも私たちは、ガスの中の重い元素の比率を変えてみたらどんな星になるかなんて実験できません。いまある星を懸命に調べて、元素組成の異なる他の星をこれもまた懸命に調べて、それで何とか比較してみるということしかできない。一つの銀河さえ、その渦巻きを上から見たらどうなのか、横からみたらどうなのかと全体を見ることはできないんです。たくさんの銀河を調べて、それらの見かけの偏平度の分布がつかめたら、銀河の向きはランダムと仮定して、真の偏平度はおそらくこれくらいだろうと推測するだけです。実験ができないから、ともかくたくさんの観測をして、そこから真実に近づいていくしかないのです。

そうなると、疑似的だけれどもシミュレーションモデルをつくって解いていくということ

が重要になってきますね。シミュレーションモデルをつくる能力は、観測する能力とはまた違った意味での能力差があるのではないですか。

天文学で実験の代わりをしているのが、まさにシミュレーションです。この角度からこういう波長で見たらこう見えるはずだろうというシミュレーションモデルをつくって、それで実際に観測して検証する。本当のものをつくったり、現象を再現したりできない以上、シミュレーションしてみるしかないのです。

シミュレーションモデルをつくる能力は、観測する能力とはまた違った意味での能力差がある。シミュレーションでものすごい成果を上げる人がいます。吉田直紀氏[5]という若手研究者は、宇宙で最初の星はどのように生まれたかをシミュレーションして、最初の星が生まれる様子を詳細に理論計算することに成功しています。起こり得る反応を全部入れて解析をするわけですが、後から見れば、やればできることと思われるかもしれないけれど、誰もそういうことはやらなかった。したがって最初にやった人は偉大だということです。

そうした分野はさらに展開していくと思われます。いま天文学の世界では、コンピュータが理論の望遠鏡だとさえ言われているんです。スーパーコンピュータも必要です。現実に

5 吉田直紀…東京大学大学院理学系研究科教授。一九七三年生まれ。専門はシミュレーション天文学。著書に『宇宙一三七億年解読――コンピューターで探る歴史と進化』(東京大学出版会)、『宇宙で最初の星はどうやって生まれたのか』(宝島新書)。

は、いかに精密なモデルをつくっていい結果を出すかというのが国際的な競争の軸になっているので、スパコンの活用がきわめて重要になります。

物理学、生物学、コンピュータサイエンス……分野横断的な知識を身につけてそれらを応用する力を備える

天文学はいま、ダイナミックに展開していることがよくわかりました。この分野を研究したいという若者はこれからも増えていくと思われますが、日本の天文学はそういう人たちを受け入れ、育成していく準備があるのでしょうか。

天文学会はいまでも若手研究者の割合が非常に多い。その反面、ポストはあまり増えていませんから、天文学を学びたいと思って努力した若者が職につけずに長期間ポスドク（博士号取得後に任期制の職に就いている研究員）という不安定な状況におかれる事態は問題です。東北大、東大、名大、京大、阪大の五つの大学で、一九九九年から二〇〇八年までに天文関連で博士号を取得したのは四一六人、そのうち二〇〇八年時点では約半数が就職。その内訳

は、天文関連の大学常勤職と民間職がほぼ同数でした。また、全体の残り約半数はポスドクであり、それを長期間続けている人も相当数に上ることが調査の結果からわかりました。

この現状を改善するには、アカデミアにおいて天文関連の安定した職の数を増やすことはもちろんですが、アカデミア以外にも博士号取得者の活躍できる職を開拓することが必要ですね。そのためには、世間に天文学がいま、どのようなテーマに挑戦しているのか、そのなかで研究者たちはどのような能力を磨いているか、それらを正しく伝えていかなければなりません。

天文学というと星を見て暮らしているというようなイメージを持つかもしれませんが、いまはまったく違います。物理学、生物学、コンピュータサイエンス……さまざまな分野横断的な知識を身につけてそれらを応用する力を備えていることを説明していかなければなりません。天文学科を出た優秀な学生たちが社会に出て、自分は天文をやっていたんだということを堂々といえるようでなければなりませんね。社会からも、「さすが天文をやっていた学生は違うね」と言われるような学生を養成しなければいけないと考えています。

知と思考力3——分野の融合

天文学の分野において、私たち素人の関心事は、「宇宙の始まり」と「知的生命体の存在」ではなかろうか。

一つ目に関しては、ビッグ・バン仮説が提示した膨張を続ける宇宙と、それを裏づける観測の事実によってある答えが帰結として出てきた。すなわち、時間を逆にたどれば宇宙は一点に収縮し、そこが宇宙の始まりである。それゆえに、宇宙の遠くを見れば見るほど、若い時期の宇宙が発した光を見ることになる。この意味で、天文学は他の多くの科学分野と異なり、観測技術と一体になって発展を遂げてきたのである。

一六世紀に、一生をかけて膨大な天体観測記録を残したティコ・ブラーエ、その観測記録をもとに惑星軌道は真円ではなく楕円軌道であることを唱えたケプラー。彼らまでは古代と変わらず肉眼によるものであり、まさに「紙」と「鉛筆」の科学であった。一七世紀初頭、ガリレオ・ガリレイが望遠鏡を使って月、そして木星とその衛星を観測することによってその状態は終わりを迎える。しかし、ガリレオが使った望遠鏡をいま手にしてみると、唖然とするくらい小さな口径のレンズを使っている。この望遠鏡で木星をうまくとらえるにはかなり苦労したであろう。

その後、望遠鏡は急速な発展をとげていく。屈折式望遠鏡、反射式望遠鏡がお互い競争しながら大口径化に向けた技術開発が進んで、だんだんと遠くの宇宙、すなわち宇宙の若い時期が見えることになった。同時に、コンピューターの高速処理能力、可視光以外の電磁波を幅広く感知する素子、そしてモデル・シミュレーションなどの技術革新により多様な解析が可能になり、複合的な装置科学になってきている。ハワイ島のマウナケア山頂にある直径八メートルのすばる天文台がその典型である。

ビッグ・バンにできるだけ近い時期の宇宙を見るため、現在、直径三〇メートルの反射望遠鏡の計画が進行中だ。巨大架構技術の統合システムであり、それをまとめ上げることは、世の中の喧騒と関係なく天体を眺めている天文学者というイメージとは全く異なる。直接は「役に立たない」という企てに世間の理解を得ながら予算を獲得し、大型プロジェクトを推進するという人間臭い側面は、天文学におけるある種のパラドックスである。

また、そのような装置科学としての進歩を通じて、近年、宇宙物理学や宇宙生物学など、旧来の天文学を超えた分野との融合が始まった。すなわち、太陽系以外の恒星系で地球に似た性格を持った惑星を大量に見つけ、その地表面の特性を分析することができる時代にまで到達した。単に仮説ではなく、観測データに基づいて人間以外の知的生命体の存在の可能性が議論できそうになってきている。これは、二つ目の素人の関心事にもつながる。

たぶん何らかの生命体が存在していることを証明できる時代が来るのかもしれない。しかし、知的生命体が存在する事実を明らかにすることは難しいのではなかろうか。「生命体の存在から、さらに知的生命体である人間のような存在にまでたどり着くには膨大な偶然の積み重ねが必要であり、確率的には限りなくゼロに近い」というのがアメリカの古生物学者スティーブン・J・グールドが主張したことであった。その考えに沿えば、「地球のような惑星はたくさん存在し、宇宙人はたくさんいるはずなのに、われわれはその宇宙人に遭遇しないのはなぜか」という、物理学者エンリコ・フェルミによる有名な「フェルミのパラドックス」は、もはやパラドックスではないほどに、当然のことなのであろう。

岡村先生はちょうどそのような目覚ましい技術の展開、そして天文学の他分野への拡大の直前に天文学の研究者になり、その後をリードした学者の一人である。単なる研究者ではなく、観測装置の巨大化、複雑化のプロセスにも関わり、また東大が世界に先駆けて作り上げた数物連携宇宙研究機構、すなわち数学、物理学、そして天文学の融合を通じて宇宙への根源的な疑問を研究する体制の推進にも関わっておられる。

東大EMPの講義の一環として、星空観測を岡村先生のリードで毎期に行っている。東京から数時間の山中に出かけて、肉眼で見える唯一の銀河であるアンドロメダ銀河を眺め、日本人が大昔から好きであった昴星、すなわちプレアーデス星団を肉眼で眺める。その後、望遠鏡を使って肉眼で見るより星の数の多いことを確認し、そして土星、木星を眺めたりする。岡村先生がこのあたりにアンドロメダ銀河がありますよと空に向かってレーザーポインターを示しながら言われると、一条の光が天空に向かって伸びていくのをみんな、ホーと言って感心して見ている。うっすらとしみのように見えるアンドロメダ銀河を確認すると、「見えた、見えた」と無邪気に喜ぶ。

ふとわれに返って、悠久の宇宙、謎に満ちた宇宙、それに比べて一瞬の存在でしかない自分の生命のはかなさを思い、その落差をどうおさめたらいいのかわからなくなるのだが、そういうことにあまり頓着していないような岡村先生の陽気で朗々とした声、そして星を見るのが楽しくてたまらないということがにじみ出た説明を聞くと、それはそれとして素直に天文学が見せてくれる驚きに浸ればいいのだと納得するのである。

（横山禎徳）

大原理に収斂できないところを問わなければ、
問題を解決していくことはできない。
重んじるべきはダイバーシティなのです

現実の仕組みを把握するデザイン感覚

東京大学大学院総合文化研究科准教授
中国哲学
中島隆博

Takahiro Nakajima

東京大学大学院総合文化研究科准教授．／1964年生まれ．東京大学法学部卒業，東京大学大学院人文科学研究科中国哲学専攻博士課程中途退学．立命館大学助教授を経て現職．／専門は中国哲学，比較哲学．主要な研究テーマとして，中国哲学の脱構築，哲学と歴史，中国の言語哲学に取り組む．UTCP（The University of Tokyo Center of Philosophy．東京大学大学院総合文化研究科に設置された哲学の国際的な共同作業のための機関．2002年に文部科学省の21世紀COEプログラム「共生のための国際哲学教育研究センター」として採択されることでスタート）の事務局長を務める．／著書に『ヒューマニティーズ　哲学』（岩波書店），『『荘子』――鶏となって時を告げよ』（岩波書店），『共生のプラクシス――国家と宗教』（東京大学出版会）など，訳書に『道徳を基礎づける――孟子vs. カント，ルソー，ニーチェ』（フランソワ・ジュリアン著，共訳，講談社），『勢　効力の歴史――中国文化横断』（フランソワ・ジュリアン著，知泉書館），『中国思想史』（アンヌ・チャン著，共訳，知泉書館）．／1993年に中村元賞受賞．

中国哲学、あるいは比較哲学という分野を専門とする哲学者。「共生とは何か」「哲学とは何か」といったテーマをめぐって、中国、欧米、日本における哲学の伝統を見据えながら多彩に論じる。哲学の国際的な共同作業を目的とした、UTCPという機関を推進する一人でもある。思想的な観点から、現代の世界はどのように見えているのだろうか。

中国哲学だけとか日本哲学だけを研究するというのは、この世界に何らかの形で哲学的な責任を負うという観点からすれば、不十分だ

中国哲学の研究者というとたじろいでしまいますが、中国だけでなく欧米、日本の哲学も研究されています。いったいどのような狙いで取り組まれているのでしょうか。

中国哲学というのは、かつての日本では盛んに研究された分野ですが、最近ではすっかり斜陽となり、若い世代が振り向いてもくれなくなりました。これにはプラスとマイナス両方があるように思います。マイナスなのは、知の継承という点です。何を研究するのかに関し

ては、書物を繙いたり論文を読んだりすればまだ何とかなるのですが、いかに研究するのかに関しては、どうしても身体的で直接的な継承が必要です。それが途切れますと、研究それ自体が絶学になる危険があります。

ただ、プラスの面もあって、これまでのギルド的な研究組織の論理から中国哲学を解き放ち、その哲学的な可能性を開くことができるようになるとも考えられます。たとえば、西洋哲学を研究する人が中国哲学にも向かうと、西洋哲学の抱える構造的なアポリアに対して、中国哲学から新たな光をあてることで、別の豊かな問いを切り開くこともできるでしょう。また、日本哲学を研究する人が、それを中国哲学との比較というより広い文脈に置けば、その独自性をより際立たせることもできるでしょう。実は、私自身が、中国だけでなく、西洋や日本の哲学をも同時に研究しているのは、このように、中国哲学の可能性をより広く開いていくためでもありますし、逆に、西洋哲学や日本哲学を批判的に検証し直すチャンスを得るためでもあります。

それともう一つ述べておけば、中国哲学にしても日本哲学にしても、それら自体が世界の遺産であり、なおかつ今日の世界のアクチュアリティを構成する重要な要素なのです。そうであれば、中国哲学だけとか日本哲学だけを研究するというのは、この世界に何らかの形で哲学的な責任を負うという観点からすれば、不十分だということになります。私たちには、中国哲学も日本哲学も西洋哲学も同時に必要なのです。

東京大学のUTCPという機関で事務局長をされています。そこでは、国際的な哲学者のネットワークがつくられ、共同の研究が行われていると聞いています。具体的には、どのような活動なのでしょうか。

UTCP[1]（The University of Tokyo Center for Philosophy）は「共生のための国際哲学教育研究センター」の略称で、東京大学大学院総合文化研究科に設けられた、哲学研究と哲学教育の国際拠点です。二〇〇二年に文科省の二一世紀COEプログラムとして採択された後、二〇〇七年にグローバルCOEプログラムとして再び採択されて現在に至っています。

UTCPの特徴は、共生の地平のもと、今日の思想課題を、国際的なネットワークにおいてともに思考することにあります。それは哲学を、哲学が本来そうであった他者との対話の現場に還すものだと言ってもよいと思います。そのために、UTCPでは、他者との間にある言語や文化の差異に敏感であることを要求するとともに、複数の差異の間での共生のための可能性の条件は何であるのかを同時に探究しています。

具体的に少しパラフレーズしてみます。そもそも哲学は近代においては西洋に独占され、

1 UTCP…二〇一二年四月からは、「共生のための国際研究センター」として総合文化研究科のセンターに改編される。

大学の中において制度化された知となっていました。しかし、当然のことですが、西洋以外でも哲学的な思索は営々となされてきたし、大学以外にも知のダイナミズムは存在します。こうした近代西洋の外部にある哲学的思考と近代西洋の哲学を出会わせることこそ、共生の地平を開くことにほかなりません。したがって、ＵＴＣＰでは、西洋哲学を脱構築するだけでなく、中国や韓国の哲学さらにはイスラームの哲学を重要視し、西洋哲学との対話に引き出そうとしています。それらを通じて、新たな哲学のアリーナを作ろうとしているわけです。

その最大のポイントは何か。それは、「人間」という近代西洋の概念の再定義だと考えています。神に代わる強力な主体としての人間ではなく、弱い主体として、動物や植物とともにあるような弱い主体としての人間とそれが構成する社会こそが、ＵＴＣＰが最も関心を持っているものです。そのために、ＵＴＣＰは、近代の人間がわがものとした科学技術に対しても批判的な問い直しを行っているのです。

日本における中国思想の理解はあまりにもステレオタイプ化されていて、これは嘘なんじゃないかと疑った

そもそも中国の思想や哲学に興味を持ったのはいつ頃からですか。何かきっかけがあったのでしょうか。

中学三年生の頃です。一四、一五歳というのは、誰もがそうだと思うのですが、精神的に一種のクライシスを迎える時期ですよね。私もそういう時期を経験したわけです。自分はこれからどうしていったらいいのかと考えると、息もできなくなるほど苦しかった。よく考えなければと思い、あらゆるジャンルの本に手を伸ばしていくわけです。そして思想や哲学の本が好きだったというのもあって、西洋を中心に思想や哲学の本を片端から読みました。仲間はいませんでしたね。みな受験勉強に夢中で、思想や哲学の話になど付き合ってくれません。一人孤独に勉強を続けました。しだいに何となく西洋思想のパターンがわかってきたような気になりました。それで、何か別の思考のスタイルはないだろうかと思って読み始めたのが中国思想だったのです。

古い時代のものから読み始めたのですが、残念なことに、日本における中国思想の理解はあまりにもステレオタイプ化されていて、ちっとも面白くなかった。人生訓やいまでいう癒しの思想ばかりでした。あまりにもつまらなくて、逆に疑うようになったんです。これは嘘なんじゃないかと。本当はすごく面白いのに、日本での解釈のされ方が間違っていて、面白くなく紹介されているのではないかと思うようになったのです。もちろん当時は古典のテキストをきちんと読む力はなかったので、書き下し文や翻訳で読んでいます。それでも、中国の思想というのは読み替えていくべきだというのは、高校時代にはもう考えていましたね。

いまになってよくわかるのですが、日本の近現代中国に関する研究のあり方が、中国思想をつまらないものにしてしまったのだと思います。明治以降、とりわけ日清、日露戦争の後、日本人は目の前の中国に対して、たいへん厳しい評価をしてきました。たとえば清朝の後期以降の中国は全然だめ、中華民国もだめ、さらにはある時期の中国共産党もだめと、かなり低く見積もってきた経緯があります。

その一方で、古典中国には西洋文明に匹敵するほどの高い評価を与えています。古い時代の中国は素晴らしいと持ち上げるんです。目の前の現実の中国からは目を逸らし、古典中国を賛美するというメンタリティが、日本全体に広がっていたことは事実でしょう。このことが、中国思想全体の解釈に歪みをもたらしているのではないかと考えるようになりました。

しかも、戦前のある時期は、その立派な古典中国を、もっともよく継承しているのは日本であると言って、古典中国への賞賛を自国の賞賛に利用するといった作業まで行われました。戦後になってさすがに、そういうためにする言説はなくなりましたが、古典中国に対する賛美は変わらず続いていきます。「古典中国には人生の生き方を教える知恵が詰まっている」「論語を読んでみなさい」「老荘思想を見てみなさい」と教えるわけです。

しかし、老荘思想などはわかりやすいものではないですよね。ものすごく難しいのですが、それをごく単純化して、「老荘思想とは無為自然だ」[2]などと言って、学校の教科書にも紹介されている。もちろんそんな単純なものではありません。荘子[3]にいたっては非常にラディカルで、読んでいくと、「何かの仕方で自分が他のものに変化してしまう」とか、「世界のありようが根底から変わってしまう」ということを言っています。そういうことは、とても恐ろしい、いわばカフカ的な状況ですよね。でも、日本人はそういう空恐ろしくて難解な面には目を向けてこなかった。荘子は一般に理解されている、現実から一歩退いた癒しの思想ではなく、もっと深遠なパースペクティブを持った思想家なのだと思います。

『老子』や『荘子』など古典のテキストは、普通の漢文の知識で読めるものではないですよね。いつから中国語を学び始めて、古典を読めるようになったのですか。また、中島先生はフランスで中国思想を教えていたという経歴もお持ちですが、フランス語はいつから始めたのですか。

中国語を学び始めたのは、大学に入ってからです。一年生のときに第二外国語として選択

2　無為自然…聖人の「無為」が社会の有為を根拠づけることと、現実の生成変化を「自ずから然り（ひとりでにそうである）」として理解すること。

3　荘子…前三六九―前二八六年。戦国中期の道家の思想家。多くの学派が登場した時代、そもそも思想が成立しうるか否かを問い、世界と人間の関係を究明しようとした。『荘子』はその著作とされる。

しました。古典のテキストがきちんと読めるようになったのは、大学院になってからです。そのためには、まずは中国語の古語を勉強しなければなりません。現代中国語とは文体も違いますし、作法も違います。注釈がたくさんついていますので、その注釈を理解してから本文を解釈するという、二重の作業が必要となります。それなりの修行を積まないと読めるようにはなりません。

フランス語は、中国語より少し遅れて始めました。私の大学時代は、なにしろフランスの現代思想が思想界を席巻していましたから、やはり無視できず、必要に迫られてフランス語を読む勉強をしました。言語の習得は、違う言語を同時にやるほうが早いなどと言われますが、実際にやってみてもその真偽のほどはわかりません。ただ、二つの言語の違いはよくわかりました。

思想というのは、言葉なくしてできるものではないですね。とはいえ、中国語もフランス語も人為的に組み立てた部分があるわけで、そこにすでに人間の意志のようなものが入り込んでいると思います。そうすると、日本人の中島先生が、中国の思想をフランス語で説明するというときに、それぞれの言語の転換をどのようになさるのですか。

それは簡単ではないですね。やはりニュアンスがずいぶん違いますからね。言語によって、概念のつくり方が違うんです。日本語の概念のつくり方と、フランス語、中国語、あるいは英語のつくり方は、それぞれでズレがあります。思想的、哲学的な問いというのは、どうしても言語に依存する部分がありますので、中国語の特性を利用した哲学的な問いをそのままフランス語に翻訳できるかというと、そこは簡単にはいきません。非常に説明的にならざるえない場合もあります。

どうにか説明しようと努力しても、翻訳できない概念もいくつかあります。スタティック（静的）な概念は翻訳するのが楽ですが、力とか変化が組み込まれた概念はとても難しいと思います。たとえば中国語で「勢」という概念は、「権勢」とか「勢力」とか、その意味は非常にダイナミックですよね。この一つの言葉で、「あるポジションがあって、それによって可能になる権力」や「ある方向に向かっていく歴史の流れ」といった異なる考えを同時に説明できてしまいます。そういう概念をフランス語や英語に翻訳するのは大変苦しみます。

しかし、そもそも思想や哲学は、ある一つの言語だけに収まるものではありません。中国の思想家が発明した概念が、中国語の固有性にこだわって、中国語の内部に自閉しているのであれば、それは言語の支配に甘んじていることになります。思想的、哲学的な概念は、まずは自国語で語り直されることを求め、さらには他の言語に翻訳されることで新たな意義を獲得していくものです。たとえばフランス語はある種の豊かさを備えた言語です。他の言語で表現された概念も、フランス語のなかで位置づけて説明すると、普遍的な次元で共有できることが多いですね。逆に、フランス語で表現された概念を、他の言語に翻訳して語り直すことで、より適切な意味に近づけることもあります。

たとえば、フランスの哲学者ジル・ドゥルーズ[4]の「生成変化[5]」という概念を理解するためには、同時代のフランス語のなかで言い直しをするよりも、ひょっとすると「物化[6]」という遠い昔の古代中国の荘子が提示した概念に翻訳するほうが適切なのではないかと気づかされます。翻訳をしていると、こういう気づきにいろいろ出会います。

その意味で翻訳という作業は、ある言語から別の言語への単なる置き換えに止まることなく、難解な概念を他の言語のなかで理解可能にし、救済するという作業でもあるんですね。それは中国の思想を日本語で説明するときも同じで、翻訳するプロセスにおいて日本語の持つ、さまざまな可能性に逆に気づかされるということがあります。

大原理に収斂できないところを問わなければ、不確実な問題を繊細に解決していくことはできない

言葉がなければ思想がないということと関連してもう少しお聞きしたいのですが、アメリ

カの言語学者ノーム・チョムスキー[7]は、人間の脳のなかには持って生まれた普遍的な特性、つまり言語にまつわる基本的な知識や規則があるという仮説を打ち出しました。実際にいまの脳科学は何らかの普遍的な原理を追求する方向にいっていますよね。それについてはどのようにお考えですか。

私自身は、チョムスキーの理論に関して定見を持っているわけではありませんが、言語学は学問の方向性として必然的に、多様性を超越した普遍原理を見つけたいという欲望を抱いてしまうのではないでしょうか。これは言語学にかぎらず、サイエンスのなかには必ずある考えですね。

哲学にもそういう欲望はあります。哲学の世界で、そうした統一的な大原理にたどり着きたいと思った人はやはりいました。たとえば、ドイツの哲学者マルティン・ハイデッガー[8]などの

4　ジル・ドゥルーズ…一九二五―九五年。フランスの哲学者。差異と反復という観点から哲学を構築した。F・ガタリとの共著で『アンチ・オイディプス』『千のプラトー』などを刊行。

5　生成変化…devenir.「他のものに変化する」という概念で、『千のプラトー』で展開されていった。

6　物化…荘子が用いた概念で、他のものに変化すると同時に、世界が変容することをも意味する。

7　ノーム・チョムスキー…一九二八年―。アメリカの言語学者。言語の科学的な理論として生成文法理論を創始した。本書一九九頁注2も参照。

8　マルティン・ハイデッガー…一八八九―七六年。ドイツの哲学者。未完の主著『存在と時間』で、人間存在の諸様式を分類および総合することを試みる。フライブルグ大学総長を務めるが、ナチス政権との関係で辞職。

どはその一人です。彼は存在の意味を了解することで、西洋的な大文字の「存在」をつかめるのだと考えました。それが一直線にか、曲折してかは議論がわかれますが、結局はナチズムと結びついていきましたよね。なぜかといえば、普遍原理は支配への欲望と表裏一体で、大地と血に根差そうとしたナチズムは、大文字の「存在」を現実の世界において貫徹させてくれるように見えたからです。

なぜ科学も哲学もそちらの方向に考えるのか。それはもう「意味」という病ですね。究極的な意味が欲しい、それさえつかめばすべてが説明できる、と。私はほとんど宗教的な情熱だと思っています。かつては普遍的な大原理として、「神の摂理」を出せばよかったわけですが、「神がいなくなってさあどうするんだ」というのが近代以降の状況です。そうなると、自分が神のように振る舞おうとする欲望は自然と高まるものです。自分が何か大きな意味を見出して、みなを安心させてあげたい。でもそんな発想は、私からすれば大きなお世話でしかありません。

そもそも「存在」という言葉に、思想がすべて還元されるはずはありません。そうした大原理を素朴に求める方向性はすごく危ないと思っています。大原理に収斂できないところにこそ、じつは重要性があって、そこにおいて問いを問わなければ、不確実な問題を繊細に解決していくことはできないだろうと思うわけです。

二〇世紀後半の哲学の課題は、支配の欲望と結びついた哲学から、どうやって抜け出すかということだったろうと思います。哲学自らの支配を批判的に見直して、本来の哲学のしなやかさを取り戻す。大原理より、重んじられなければならないのはやはりダイバーシティなのです。

一つの大原理から多様性が生まれるのではなく、いくつかの小さな原理があって、そのなかでできあがっている多様性ということでしょうか。

これは生物の多様性という問題にも関わるかもしれません。生物を一つの種に還元して、そのうえで多様性として本当に理解していいのか。S・J・グールド[9]という進化生物学者が、生物の系統樹の描き方がすべてをある方向に押し込んでいて、偏見をつくっていると指摘しています。こうした従来のパラダイムに転換を促す考えは、やはり思想から出て来ないとなりませんね。

そうした思想はすでに出ていて、たとえばドゥルーズという哲学者は、すべてのものが一つの絶対的なる大原理から「ツリー」型に展開しているとする伝統的な西洋哲学の解釈に対抗して、「リゾーム」型というモデルを提唱しました。リゾームというのは、植物の地下の根っこのことを意味する言葉で、彼はこの言葉を比喩的に使って、世の中は中心も始まりも終わりもなく多方に錯綜して絡み合うリゾームのようであると表現しました。リゾーム型のモデルによって、それまでのツリー型の支配的な知の構造を打破しようと目論んだのです。

そうした発想は建築の世界にも生まれていますね。建築家のクリストファー・アレグザンダー[10]は、「都市はツリーではない」と言っています。都市は階層的に構成されるツリー構造ではなく、さまざまな要素が絡み合って形成されるセミラティス構造であるとして、新しい都市論を打ち立てたんです。

思想も建築も人間がつくり出すものですから、突き詰めれば人間をどうとらえるかという問題に行きつきます。人間は決してツリー構造でものごと考えているわけではありません。ですから世の中もツリー構造には収斂しえない。新たなモデルを創出するには、そこから出発するしかないのではないでしょうか。最近のネットワークという考え方も、基本的にはその方向に向かっているのかもしれませんね。

9 S・J・グールド…一九四一―二〇〇二年。アメリカの古生物学者、進化生物学者。進化に関する現代的な見方を強力に支持。著書に『ワンダフル・ライフ』『個体発生と系統発生』など。

10 クリストファー・アレグザンダー…一九三六年―。ウィーン出身の建築家。アメリカで活躍。建築と都市計画のポストモダニズム的理論を提唱。著書に『都市はツリーではない』『パタン・ランゲージ』など。

儒教に統一性や普遍性を求めるだけではなく、しなやかで、現状批判的な面を打ち出す可能性をそこに探究する方が重要ではないか

思想史をみたときに、そこには発展のプロセスというものがあるのでしょうか。どの順序でいくと発展するとか後退するとか、そもそもそういう議論の余地はあるのですか。中国の場合でいえばどうなのでしょう。

それはとても面白い問いです。私が中国の古い思想をみるときの視点は、体系としての中国古典思想をみているのではなく、その時代の議論のなかで何が争われているかをとらえていこうとしています。そうすると、ある時期に議論で争われた問題系が、そのまま次の世代に継承されるかというと、必ずしもそうではありません。むしろ切断されて、忘れられ、次の世代はまた新たに別の問題系を立てていくというパターンが多いと思います。ですから発展ではなく、切断されて新しい問題系で置き換えていくという図式で、私たちは中国思想を見ています。もちろん、後世の研究者である私たちからみて、そこに何か一貫したものがあ

ると言えなくはないですよ。ただ、その時代の当事者たちには、やはりある種の切断の意識があったと思います。

中国の思想史のなかで、パラダイムの転換が起こってきたということですね。具体的には、いままでどのようなものがあったのですか。

中国では、四世紀から五世紀にかけて仏教が本格的に入る前と後、ここで決定的に変わりました。仏教が入ってきたときにもっとも人々の心をつかんだのは、「救済」という概念です。人は誰であっても救われる、こんなことはそれまでの中国思想では想像もつかないことでした。そこに仏教がきて、「あなたも救われますよ」と言ったわけで、みんなその言葉にまいってしまうんですね。

そして、こうした仏教からの影響を受けたうえで、もう一度中国の古い思想を刷新しようという転換が起こります。新しいパラダイムの上で組み立て直そうとしたのです。これをやったのが一二世紀の朱熹[11]です。

ただ、仏教が入る以前、「救済」という概念そのものはなかったとはいえ、中国の思想が

11 朱熹…一一三〇—一二〇〇年。中国南宋の儒学者。従来の儒教思想を体系化し、仏教と道教の要素を結びつけて、朱子学を大成した。著書に『四書集注』など。

一般庶民にまったく関心を持っていなかったわけではありません。たとえば、現世利益的な言説については道教が担ってきたのですが、そこでは現世での利益や幸福を追求するためにはどのような振る舞いをすればいいのかが説かれ、人々の生き方を支えていました。一方では、儒教が儀礼をつくっていきます。儀礼というのは、人々の生活のすみずみにわたる思考と行動を規定するものですから、それは一般庶民にとっても相当影響が大きかったと思います。

仏教が入ってくると、それらは仏教の影響のもとに組み替えられていきます。たとえば死後、人間の魂はどうなるかという議論があります。仏教徒は、死んでも魂はあると言います。それに対して中国人は、肉体が滅べば魂もなくなると反論します。ところが、仏教徒は、儒教の教えでは祖先崇拝をするのだから、同じではないかと再反論するのです。つまり、中国の仏教はそういう形で儒教的なものを取りこんだのです。布教のために。それが面白いですよね。儒教は儒教のままではいられず、仏教は仏教のままではいられないわけです。最終的には、儒教と仏教と道教の三つの思想が全部一体だという言い方をしています。これを「三教一致」と言います。日本の神仏習合とあまり変わらないですよね。

いま、中国の思想はどのような状況なのでしょうか。中国には現代思想というものはないのですか。

いま中国は、儒教に帰ろうとしています。いくつか理由はあるのでしょうが、やはり国家のレジティマシー（正統性）の問題が大きいと思います。つまり、共産主義だけではもうもたないということです。現実に経済では大転換を果たしたのですから、たとえ建前とはいえ共産主義でいまの中国のレジティマシーを保証するのは難しいでしょう。そのとき何が残っているかというと、近代において抑圧し続けてきた儒教しかなかった、そういうことだと思います。

中国において近代的な意味での哲学を始めたのは胡適[12]という思想家です。彼はアメリカで、当時の最先端の哲学であったプラグマティズム[13]を学び、帰国して北京大学に創設された哲学科の教授に招聘されました。時代背景としては、西洋哲学による言説の支配のなかで、胡適はなんとかして「中国哲学」という国民哲学を打ち立てようとします。彼にとってアメリカ留学で学んだプラグマティズムは、それを実現するための強力な武器でした。西洋哲学がもつ特権的な深遠さに対抗する浅さの哲学として、これこそがいまの中国に必要な思想だ、と。胡適は、自分で自分のことを深くないと言うんです。これは大変面白い発想で、深

12　胡適…一八九一―一九六二年。近代中国の哲学者、文学者。アメリカの哲学者J・デューイのもとで学ぶ。国民党を支持して戦後はアメリカに亡命。一九五八年に台湾に移住。著作に『中国哲学史大綱』『白話文学史』など。

13　プラグマティズム…現実の生における具体的な行為のなかで、精神活動が果たす役割を見ることに重点を置く思想。アメリカで一九世紀後半に唱えられ、二〇世紀に発展。

さを否定して、西洋哲学の普遍的な理念やシステムを超えようとしたのです。

しかし、結果的には、彼は中国に新しい哲学を生み出すことはできませんでした。自分自身の研究がなかなかそちらの方向にいくことができず、中途半端な状態のまま、結果として足元を古い哲学に掬われてしまいます。かえって、その後の思想家たちは、浅さを求めた反動として、逆に深さのほうに行ってしまいました。つまり、中国の伝統に光をあてることで、西洋哲学よりもさらに深遠な中国哲学をつくろうとしたのです。

いま中国では大掛かりな「儒蔵プロジェクト」というものが進んでいます。仏教の経典に大蔵経[14]というのがあるのですが、それはいろいろな仏教経典を結集したものです。その儒教版をやろうというのがそのプロジェクトの狙いです。すごい試みだと思います。すべて儒教の名の下に統合するというのですからね。そこに関わっている人たちは意気軒昂ですが、おそらくこれは哲学的には新境地をすぐに開くものではありません。二〇世紀後半の世界の哲学自体が、深さの支配からどうやって脱却するかをずっと問題にしているのに、それに反するようにグランドセオリーのような形で儒教を持っていこうとしているのですから、やはりどうしても無理があります。私が思うのは、中国思想や哲学の可能性は、儒教による統一性や普遍性を求めるだけではないだろうということです。よりしなやかで、より現状批判的な面を打ち出す可能性が儒教にももちろんあり、それを探究する方がより重要ではないかと思います。

荘子がなぜ魅力的だったかというのは、彼が当時の中国文明にとっては異邦人だったから。アウトサイダーだったんですね

最初のほうで『荘子』に触れられましたが、これを読んで結論というのはないわけですよね。いったいどのような読み方をすればよいのでしょうか。

私のスタンスははっきりしていて、最初に申し上げたように、日本近代がやったような仕方で、中国古典を賞賛し持ち上げるのは絶対にやめようというものです。中国の思想がなぜ重要かというと、それは批判可能だからです。中国の古典は対話するように読んでこそ意味が広がる。「これはおかしいね」「ここは導きが誤っているな」「ここは問いの立て方と解決策が間違っているね」と、そういう対話の相手としてリスペクトできるところが中国の思想の素晴らしいところです。ですから、私たちは中国思想を全力で批判的に読解しないといけ

14　大蔵経…仏教聖典を総集したもの。漢訳された経典、それ以外の言語による同類の文献群も広く総称する。

ない、そうしなければ失礼だと思うのです。

たしかに『荘子』には、普通の意味での結論はありません。だから割り切れないわけですけれども、対話しながら読んでいくことで、何かがわかってくる。そういう創造的な読み方がいいのだと思います。

たとえば、荘子の思想の根幹に「斉同」という思想があります。これがどう理解されているかというと、「万物は全て斉（等）しい」、つまり「高みから見ればみな似たようなものだ、万物には是も非もない、可も不可もない」というのが一般的です。そうすると、これはダイバーシティやディファレンスを根こそぎにするようなものの見方だということにもなって、荘子の評価は極端に二分されてしまいます。そこに荘子に対する理解の歪みのようなものがあるんですね。

しかしよく読んでみると、そうではなくて、荘子は微細な差異にきわめて敏感な思想家であることがわかります。『荘子』斉物論篇にある「胡蝶の夢」（荘周すなわち荘子が夢で蝶になり、目覚めて再び荘周となる）が告げる「物化」に象徴的なのですが、何かの仕方で私たちは変化することができる、それによって世界全体が変化することができる、そういった可能性をどこまでも追い求めた人だと思うのです。ただし、変化というものそれ自体を記述するのはとても難しいことです。これは古代ギリシアのアリストテレスなどもうまくいかなかったところです。多くの人が目に見える常識の範囲でしかものごとを考えませんからね。そこをなんとか乗り越えて微細な変化を記述しようとして、荘子はさまざまな表現を使ったんですが、それが難解さにつながってしまうのです。

荘子はいったいどういう性格の人だったのでしょうか。思想家にも個性があり、癖があり、好みがあって、性格のいい人もいれば悪い人もいるはずだと思うんです。

変わり者だったと思いますよ。思想家の世界もダイバーシティですからね、いろいろな人がいます。荘子は、そういうなかでもよっぽどの変わり者だったと思いますよ。奥さんが亡くなったときも太鼓を叩いて喜んだりとか、ハチャメチャなところがあったようです。それでも思想家として生き延びられたのは、ハチャメチャさがあるレベルを超えていたからなんじゃないでしょうか。中途半端だとすぐに潰されてしまいますから、よほど腹の据わった変わり者だったということです。でも、私からすると荘子がなぜ魅力的だったかというのは、彼が当時の中国文明にとっては異邦人だったからなのだと思います。当時の中国文明は北方が中心ですが、荘子は楚（現在の湖北省、湖南省）の人でした。私たちの感覚からすると外国人で、たぶん言語も違っていたのではないでしょうか。アウトサイダーだったんですね。

私の哲学のイメージは、ドゥルーズが述べたように、古代ギリシアに見られるような外に開かれた海の世界の思想です。異邦人がたくさん来て、発言できるようなリゾーム状のネットワークの世界と言えます。エジプトのような古代帝国とは全然違います。古代帝国はツリー状のヒエラルキーの世界ですね。中国は非常に強固な中央集権型の帝国になっていくのですが、一方で異民族の侵入や異民族による統治を許してきた歴史をもち、ある意味で水平的なネットワークの世界でもあったと思うんです。ヒエラルキーとネットワークの両方が混在し、共存していた中国世界で、荘子はネットワーク世界の代表でもあるのです。

荘子だけではありません。老子もそうです。さらに、孔子も生涯住所不定でふらふらしていた人ですよね。司馬遷も『史記』を書く前には中国全土をあちこち旅してまわっているんです。中国思想の豊かさはそういうネットワーク型の世界理解によって支えられているのだと思います。

とはいえ、中国では王朝が正統であることを保証する議論が繰り返し行われ、そこではやはりツリー状の統治が目指されました。ところが、実際の歴史をみると、きちんと統一されてしっかりとツリー状の統治が行われていた時代は、決して多くはないのです。理想はツリー型なのだけれど、実際にはそうならなかった。ここに、中国を別の仕方で読み解く重要な鍵があるのではないでしょうか。

目的に固定された生き方は、あまり洗練された思考とはいえない。むしろ偶然性に敏感であることも必要だ

いまの中国は経済的な成長を背景にして、欲望が噴出しているように見えます。

ヨーロッパの博物館で宝石などの財宝を見てもあまり心を動かされないが、中国がいままでつくってきた財宝というのはスケールが違うと言う人がいました。近代になっていろいろな理由から、中国はとてつもない欲望を消そうとしてきましたが、もはやその足枷にとらわれなくてよいとなったら、世界中が中国の欲望に飲み込まれてしまったなんてことにならないともかぎらない。ただ、中国は欲望を支配するという面で長けた国ではありますね。長い歴史のなかで、中国文明というのは、人間の欲望をコントロールする知恵や力を蓄えてきていますから。いまは近代に過剰な抑圧をした反動で、欲望が過度に現れているのだと思います。

ですから、近代以降のいま、私たちの社会で考えるべきなのは、幸福の問題ではないかと

思います。果てしない欲望を充たしていくことが本当の幸福につながるのだろうか、どうもそうではないんじゃないかと。そろそろ腰を据えて考えるときがきていると思いますね。ギリシア的、あるいはストア的な節制の徳[15]のようなものを考え直してもいい時期です。

日本も八〇年代に欲望噴出の時代がありましたね。でも、バブル経済なんて大したものではないんです。みんな反省ばかりしていますが、それよりもバブルのよかった部分を経済学者や社会学者は指摘すべきなんです。

建築に関していえば、バブル時代だからこそつくることができた建築物があって、そのおかげで日本の建築は垢ぬけして、世界的にも一流の建築文化を築き上げたのです。そういうデザイン能力や感性を研ぎ澄ませることができたという意味でバブルはよかったんですね。

たしかに、世界の欲望の歴史から見れば、あの時代のバブルを全否定するように反省する必要はないと思います。日本においてデザイン革命のようなことが起こったのは、やはりバブルの頃でしたね。建築だけではなく、組織デザイン、人間関係のデザイン、さらには身体そのもののデザインにいたるまで、その重要性が高まったのはあの頃だったと思います。

15　ギリシア的、あるいはストア的な節制の徳…ギリシアにおいて、知恵、勇気、正義と並んで重視されたのが節制の徳であった。プラトン『国家』を参照のこと。

デザインというのは経験と実践の面が大きいですから、バブルのような時代を経て、極端なところまで手を伸ばしてはじめて洗練されるのではないでしょうか。そこではじめて、私たちはジャブジャブお金をつぎ込むことは「贅沢」であり、それは「豊かさ」とは違うというのを身をもって知ることができました。

先ほど節制の徳と言いましたが、これは節約してちまちまやりましょうというのでなく、人間の欲望をどこまでも解放していって限界はどうなるんだというヘドニズムによって気づかされるものでもあります。その意味で、節制とヘドニズムは決して矛盾するものではないんです。ヘドニズムは日本語で「快楽主義」と訳すと、本来の意味とは違う言葉になってしまいます。ギリシア哲学では、何でも欲望を解放すればいいというのでなく、人間としてはやはり何らかの限度があってそのなかで欲望を充足していけばいい、という意味合いなんです。

こんなジョークがあります。ある男が亡くなって死後の世界で目覚めると、そこはあらゆる欲望が満たされる天国のようなところだった。男は嬉々として三カ月ほど過ごしたが、そのうちに退屈になってきた。そこで、その世界の管理人に「天国というのは退屈なところだね」と言うと、「何を言っているんだ。ここは退屈地獄だ」と言われた（笑）。

要するにスタティックで固定的な幸せというのはないはずなんですね。そう考えれば、節

制もずっと続けていって、その緊張感のダイナミズムがよいのであって、快楽とは違う幸せをもたらしてくれるのだろうと思います。

結局そうなんでしょうね。そのことは、先ほどの普遍原理や大原理の話とも関わります。つまり、大原理というのは必ず確固とした目的とつながっているわけで、そのため私たちにスタティックな生き方を要請する。しかも、その目的がじつは凡庸であったりするので、あまり洗練された思考とはいえない。そうではなくて、生きるということはもっとダイナミックで、人生にはさまざまな可能性が開かれていて、偶然の出会いや出来事が幸せをもたらしてくれるかもしれないのです。むしろ偶然性に敏感であることも、このデザインの時代の一つの論理だと思っています。

何が現実を構成している仕組みなのかを把握し、そこでの問題をきちんと分析して、可能な答えをいくつか提示できる能力

ハーバードビジネススクールの学生を日本に案内している人から相談を受けたんですね。

日本に来ると、街の人の動きとか洗練されていて、民度の高い国だという印象を受ける。しかし、企業に行っていろいろと質問をすると、訳のわからないぼんやりした返答が来る。このギャップはどういうことなんだ、とみんなに聞かれるそうです。

つまり、日本の企業の人には、説明能力のなさ、その自覚のなさ、そうした能力が欠けているような気がするんです。だから周囲に影響力を持てない。かつては「教養」という言葉を使ったんだけど、いま、それではない表現が必要ではないかと考えています。

おっしゃっている「民度が高い」というのがポイントですね。問題なのは、せっかくそういう基礎的な「教養」というバックグラウンドを持っているのに、それが判断力や説明能力という別の能力につながらないことなのでしょう。重要なのは、何がいまの現実を構成している仕組みなのかを把握し、そこでの問題をきちんと分析して、ある種の可能な答えをいくつか提示できる、そういうことを示す能力を研ぎ澄ませることなのです。

昔の「教養」は、どちらかというと知識を受け入れていくほうですよね。いろいろな知識をバランスよくため込んで、教養人として振る舞う。これは一つのあり方ですけれど。でも、いまそれが要求されているわけではないんです。いま必要な「教養」は、この現実をなしているものに対するデザイン感覚だと思うんですね。

それはたしかにデザインですね。プロブレム・ソルビングだとか、ソリューション・スペースを見つけることだとか言うこともできそうです。でも、そうしたデザインはやはり学問ではないんですよ。ファッションや装飾芸術と違って、こうした抽象レベルの高いデザインを技能として教える場所はないのではないでしょうか。

本来は、それは哲学というのが受け持つはずだったんですよ。ところが、日本の哲学教育というのは全然違います。哲学史を教えて、カントはこう言いました、ヘーゲルはこう言いましたという方向に行きます。私が不思議なのは、サンデル[16]のハーバード講義が日本でこんなに注目されたことです。彼は特殊なことをやっているわけではありません。哲学の教育として至極全うなことを、淡々とやっているだけですよ。

私も力不足ではありますが、こうした問題設定・問題解決型の哲学教育を実践しようと試みてはいます。たとえば中国思想の場合に、まずは古代から歴史をたどって教えてみようとなると、これは退屈ですよね。自分がそのように中国哲学史を教えるという姿をイメージしただけで退屈です。そうではなくて、かつて歴史上で生き生きとした議論が行われていたわけですから、そうした論争的状況を正確につかんで、現代からみるとどういう意味があるの

16　マイケル・サンデル…一九五三年―。アメリカの政治哲学者、コミュニタリアニズム（共同体主義）の代表的論者。講義を収録したテレビ番組『ハーバード白熱教室』が話題に。学生に問題を投げかけ、議論を引き出しながら理論を展開するスタイルをとる。

か、それをやはり考えないと駄目です。あなたたちがそういう状況になったら問いをどう引き受けますか。そういう思考を積んでいくプラクシス（ギリシア語で「実践、実行」の意味）が必要なんですね。

私は本当であれば、こういう問題設定・問題解決型のプラクシスの経験を中高生の段階で積むべきと思っています。そうしたら日本の状況は大きく変わると思うんです。ものを考えるとはこういうことか、ものを理解して、問いを立てるとはこういうことかとわかるはずです。中高生というのは、そういうことを知りたいわけですよ。別に倫理の教科書に書いてある内容を憶えて、穴埋めしなさい、括弧のなかから選びなさいといったことをやりたいわけではない。もっと自分たちに深く関わっている問題があって、しかも将来に自分たちでそれらを決定しなければならない局面が来るとわかっている。その準備のために、自分たちで考える練習をしてもらうことが重要なのです。

ただ、そのためには、いまの授業で想定されている「教養」を超えたパースペクティブをもった教師が必要です。教科書に書かれている内容の背後に様々な問いの歴史があり、それが何段階にも積み重なって、さらには私たちの現実とも結びついているということを見せる。それはある意味で良質な教師でないとできないかもしれません。たとえばスポーツを教えるときに、下手な指導者は自分の理解しているものを無理やり教えて、あとは一生懸命頑張ろうと言います。そうではなくて、そのスポーツの特徴をどのように見せるのかが重要で、そこにはどういう段階があるのか、そして、いまあなたはここだと教える。あなたはこういう動きをしているが、でも、こういう別の動き方の可能性が実はあって、こういうふうに具体的にできるんだとイメージを与える。こうしたことがものすごく大事ですね。

そうなると、教師のトレーニングというところから始めなければいけないのかもしれません。それによって若い世代がよりのびやかで柔軟な思考と判断力を獲得することができるようになるはずです。私たちの役割には小さくないものがあります。

知と思考力4——パラドックスの受容

中島先生との対話は多岐にわたった。しかも、筆者の関心事と重なっていることが多く、話は盛り上がった。それは先生の本来の分野である中国思想、儒教、荘子、胡適にとどまらず、フランス哲学であり、大原理の追求であり、ダイバーシティ（多様性）であり、両義性であり、デザイン感覚であり、日本の強さであり、日本の人材育成であり、語り尽きることはなかった。それは「中国哲学の研究者」ということからイメージされるようなタイプの学者ではなく、私たちが生きている時代の、現代人としての問題意識と生活感覚から、形式にとらわれることなく思考する研究者である。

哲学は筆者の得意な世界ではないが、個人的な興味は両義性、パラドックス、オクシモロン（矛盾撞着語法的なもの）、身体知などのテーマである。この世のあらゆることを突き詰めていくと、このような要素から成り立っているのではないかと思っている。このうち、オクシモロンを取り上げてみよう。たとえば、生命の本質は「ほぼ完璧だが完璧ではなく、完璧ではないがほぼ完璧」であるのだそうだ。結晶のように完璧な構造であれば変化をしないからダイナミズムは失われてしまう。しかし、生命はそうではない。言い換えれば、「安定しているが変化し、変化するが安定している」のが生命だ。これがオクシモロンな生命の本質である。人間活動も生命現象の一形態だから同じような側面を持っているはずである。個人的には、このようなテーマを扱うのが哲学の重要な側面ではないかと思っている。しかし、当然のことながら、そのような思考は言語を通じて行うのであり、ある種の限界がある。中島先生の著書『荘子――鶏となって時を告げよ』に「「意」を伝達するのに「言」は必要であるが、しかし「言」は同時に「意」を損なってしまう」という段がある。まさにパラドックスである。筆者の解釈では、「デザイン」のように本来、言葉で説明できないが「身体知」としては理解しやすいことが「言語」にすると理解できなくなってしまうことなどが例ではないかと思う。

このような「言」に絡む難題に対して、しいてできることがあるとすれば，複数の言語からその概念にアプローチするということではないだろうか。中島先生は外国語としては中国語、フランス語、英語を使うことができる。中国思想を日本語、あるいはその他の言語に訳すさい、それぞれの言語に特性があるので訳し方に工夫がいることを語っておられたが、そのこと自体が個々の言語の持っている制約を超える思考方法なのではないかと思う。

たとえば、「両義性」という単語を和英辞典で引くとambiguityとなっている。そして、ambiguityを英和辞典で引くと、「曖昧さ」となっている。「両義性」と「曖昧さ」は基本的に違う概念であると筆者は思うが、その辺りの差異は欠落してしまう。したがって、「両義性」をいくつかの言葉で補わないといけないのが翻訳の難しさであるようだ。一方で、西洋的な思考にとって「両義性」とは「曖昧さ」なのであろう。

しかし、そのような西洋的な思考が二〇世紀初頭に行き着いたのは、量子力学の世界における「相補性」である。すなわち、光は粒子であり、同時に波動である。「相補性」とはニールス・ボーアが使った用語であるが、まさに「両義性」というべきである。明快であるべき西洋の科学的思考がたどり着いたところは、彼らが言うところの「曖昧さ」であったというのはパラドックスではないだろうか。

パラドックスを受け入れることを含めた柔軟性が、旧来型のドグマにとらわれない思考方法ではないかと思う。中島先生の話の節々にそのような思考態度が見えていた。たとえば、大原理を追求する思考への否定的な考えである。また、中国をとらえるとき、古代中国はよくて、現代中国はだめという硬直した研究態度への批判もそうであって、逆に現代中国をそのまま肯定するのではなく、そういう発想自体を超える考え方をしておられる。

中島先生は世にいうインテリであるが、インテリの体にインテリの頭が乗っているのではない。よく見るとしっかりとした体をしておられる。古代ローマ時代の風刺詩人ユベナリスは「健全なる精神は、健全なる身体に宿る」といったのではなく、「宿らせたまえ」と祈ったのだそうである。現実は往々にしてそうでないのは、古代ローマ時代も現代も変わりがない。しかし、中島先生は頑健なる身体に、柔軟な精神を持った頭脳が乗っているのである。だからこそ、国際的な場面で存在感を持って活躍できるのであろう。

（横山禎徳）

物性科学を選んだのは、
試料を作って、測定して、論文にまとめるという活動を
全部一人で行なえるというところに魅力を感じたからです

根源的かつ論理的に
理解する精神

東京大学物性研究所長・教授
物性科学

家 泰弘

Yasuhiro Iye

東京大学物性研究所長・教授．／1951 年生まれ．東京大学理学部卒業．同大学理学系大学院物理学専攻博士課程終了．東京大学物性研究所助手．米国 MIT 客員研究員，米国 AT&T Bell Laboratories 研究員，米国 IBM T. J. Watson Research Center 客員研究員，東京大学物性研究所凝縮系物性部門助教授，同教授，同研究所ナノスケール物性研究部門教授などを経て現職．文部省学術調査官，文部科学省科学技術・学術審議会専門委員，日本学術会議第三部（理学・工学）部長も併任．／専門は物性科学．主な研究テーマは人工低次元電子系における量子輸送現象．半導体や金属の人工物質系における量子輸送現象の研究をしている．／著書に『超伝導』（朝倉書店），『量子輸送現象』（岩波書店），『物性物理』（産業図書）など，訳書に『人間がサルやコンピューターと違うホントの理由——脳・意識・知能の正体に科学が迫る』（ジェームス・トレフィル著，日本経済出版社），『君がホットドッグになったら——スケールで覗くサイエンス』（ロバート・エーリック著，三田出版），『自然のしくみ百科——宇宙から DNA まで』（ジェームズ・トレフィル著，丸善）など多数．他に国内外で学術論文多数．／1993 年日本 IBM 科学賞，2007 年日本物理学会論文賞を受賞．

半導体、磁気ハードディスク、光ファイバー……など、ハイテク機器には「物性科学」の発見が生かされている。日本が世界の最先端を行く分野で、重要な成果をあげる研究者はなにを目指しているのか。一方で、文科省における学術政策の問題に関わってきた立場から、いま国や大学が抱える課題についても伺った。

物性科学は、一ナノメートル(一〇億分の一メートル)ほどの大きさの原子から物質の性質を解き明かす学問です

家先生は四〇年近くの間、「物性科学」の分野で成果を出しつづけると同時に、現在は東大の物性研究所の所長をつとめるなど大きな役割を担っていらっしゃいます。ただ、物性科学は私たちに馴染みの薄い言葉なので、いったい何をやっている学問なのか、まずはそこからご説明いただけますか。

物性科学は「物の性質」について研究する学問で、読んで字のごとくなのですが、そもそもそういう学問分野が存在すること自体あまり知られていないと思います。ですから、社会

人向けの講義などでは、受講者のサイエンスのバックグラウンドがどの程度かがつかめないと、どこから説明を始めたらよいのかこちらもわかりません。そのため、私は毎回こういう質問を出すことにしています。

第一問は「元素周期表を知っていますか」と聞きます。周期表は高校生のときに習っているはずなんですね。ですから「水兵、リーベ、僕の船（H He Li Be B C N O F Ne）……」という暗記法くらいは記憶にあるなどという答えも含め、だいたいの人が知っています。

第二問として、「周期律が成り立つ理由を言葉で簡単に説明できますか」と聞きます。こうなると、正確に説明できる人は企業でも技術系の人たちにかぎられてきますね。周期律という言葉自体が理解できていない人や、頭に残っている記憶をたどりながら答える人などいろいろなレベルがあります。正確には「元素を化学的性質で分類することができ、それは原子核の最外殻の電子数で決まる」というように答えてもらえれば、この人はサイエンスのバックグラウンドがきちんとある人だなと判断できます。そうしたことを確認してから、では物性とは何かという話に入っていくことにしています。

物質にはさまざまな性質がありますね。たとえば、ダイヤモンドは同じ炭素でできた黒鉛となぜ性質が違うのか。鉄は磁石になるのにアルミはなぜ磁石にならないのか……。物性科学はそうした不思議を、一ナノメートル（一〇億分の一メートル）ほどの大きさの原子の性質から解き明かす学問です。つまり物質のさまざまな性質を、ミクロの観点から研究する物理学の一分野ということです。その背景には、自然界を根源的かつ論理的に理解したいという物理学の基本精神があると言えます。

物性科学という学問はいつ頃からあって、どういう展開をしてきたのでしょうか。

「物性論」あるいは「物性物理学」という言葉が使われていましたが、戦前から戦後にはそういう学問はあったと思います。その当時のテーマは磁性や光でした。これらは永遠のテーマとも言えます。

いまは小さな問題になってしまいましたが、イオン結晶の「色中心」の研究などが戦後から一九六〇年代に盛んでした。透明なきれいな結晶に不純物が入ると色がつきますね。光が結晶に入射したとき、その結晶の原子の配列に欠陥があると、特定の色の光だけが吸収され、結晶に色がついて見えるのです。そのような欠陥を色中心と呼びます。ルビーもサファイアも、もとをただせばアルミナです。そこに不純物としてほんのわずかのクロムが混入すると赤色のルビーとなり、鉄やチタンが混入すると青色や緑色のサファイアになります。日本はその分野では先駆的な業績をあげてきています。

そして、そこから六〇年代にメーザーというものが発明されました。メーザーはレーザーのもとになったものです。メーザー（Maser）というマイクロ波があって、その後にレーザーが生まれた。レーザー（Laser）の頭文字は光（light）のLなんですね。いずれも電磁波の一種ですが、それらが物質にどう吸収されるか、物質からどう発せられるかという一連の研究から出てきたわけです。

レーザーというのは、単一の振動数の純粋な光なんですね。たとえば太陽光ならば、プリズムで分けると七色に分かれますね。ということは、いろいろな波長や振動数の光が混ざったものです。それに対してレーザーは単一の振動数の光で、しかも足並みがそろっているので、光を飛ばしても広がったりせずに真っすぐに飛ぶとか、さまざまな目覚ましい性質を持っています。そこで応用がものすごく開けました。

いまでは半導体レーザーというものが、いろんなシステムで使われています。身近なところでは、CDやDVDの記録、スーパーで導入されているレジのスキャナー、道路の測量計、光通信で使われる光ファイバーなどでも活用されています。レーザーが発見された当時は、面白い光だなというくらいだったと思います。その後、いろんな用途が徐々に出てきたということです。

当初は用途とは関係なく発見されたわけですね。それでレーザーの研究は、ほぼ一段落しているのでしょうか。いまは新しいテーマがあるのですか。

レーザーの研究にはいろいろな方向がありますが、可視光領域のレーザーはこれまでにものすごく発達してきました。いまはお金さえだせば、高性能のレーザーを購入できる状況です。ただ、可視光から外れた波長の短いもの、つまり紫外線やエックス線領域レーザーはまだ発展途上で、私の所属する物性研究所でも盛んに取り組んでいるグループがあります。一方、波長の長い遠赤外、あるいはテラヘルツと呼ばれる領域もまだこれからですね。

それからレーザーというのは、先ほども言ったように足並みがそろっています。そもそも電磁波というのは、電場と磁場がともに振動しているんですが、それがそろって振動するものだから、電場的にはものすごく強い強度が出るわけです。その方向を追求して、どんどん強いレーザーが開発されようとしています。そうなると、いままでなかったような強い電場での物理現象が起こせるようになります。たとえばレーザーを使って核融合を起こすといったことです。つまり、非常に強い電磁場のなかに原子を置いたときに、どういうことが起こるかといった研究の可能性が出てきているわけです。

要するに、物性科学の分野では、まず基礎的な発見と学術的な展開があって、そこから応用を考えていくというパターンなのですね。

たしかに現在応用に供されている物質の多くは、最初からこれに利用しようと思って開発されたのではないですね。しかしながら私たちの社会では、物性科学のさまざまな成果が還元されています。パソコンの部品は半導体のなかの電子のふるまいを利用しており、磁気ハードディスクは磁性体の向きで情報を記憶しています。他にも携帯電話や衛星通信で使われる高移動度トランジスタ、すばる望遠鏡でも使われているＣＣＤカメラ[1]、医学検査に使う磁気共鳴画像法（ＭＲＩ）[2]装置など、現代に生きる人々は日々、物性科学の成果を享受しているということになります。

磁気ハードディスク

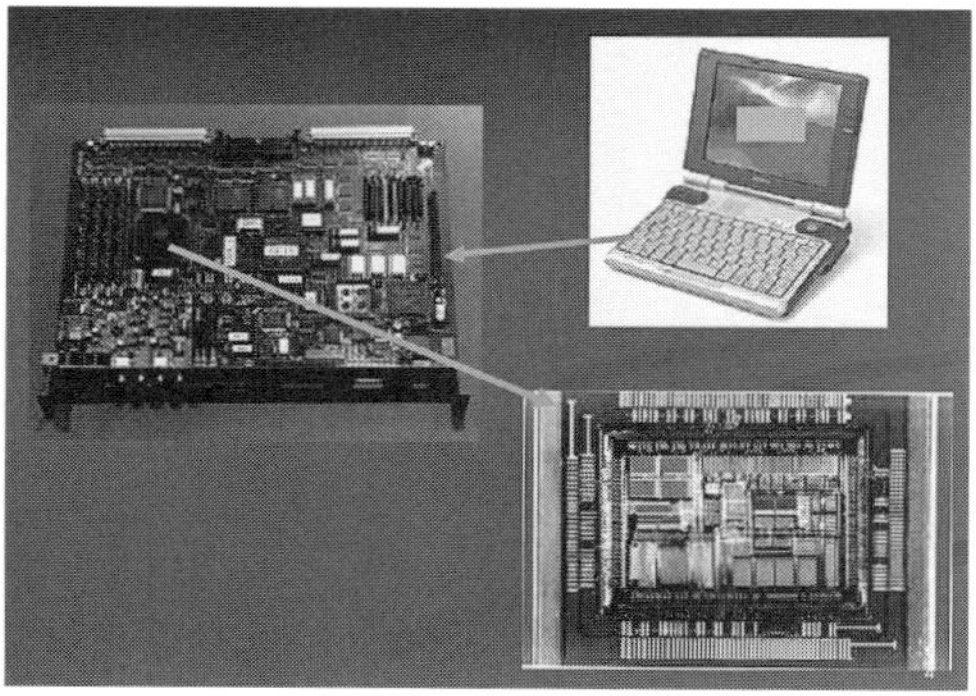

半導体

自分で知ろうとしないがゆえに、マスコミに盲従か情緒的判断に陥っている。科学を学ぶ効用は、「常識がつく」ということではないか

たしかにいま、私たちは科学技術の成果によって便利な生活をしていますが、そのことと反比例するかのように、それらの便利な機器や機能がどのような原理で動いているのかといったことにはどんどん無頓着になっていますね。

科学や技術はいまや、「誰か他の人がやってくれること」になりつつあります。科学的な知識に基づいて冷静になされるべき重大な判断や選択がたくさんあるにもかかわらず、自分で知ろうとしないがゆえにマスコミに盲従か情緒的判断に陥っているという状況がありまます。科学を専門としない人も科学の知識を持つべきであるという意味において、私は「文理両道のすすめ」を説いています。

1　ＣＣＤカメラ…電荷結合素子（Charge Coupled Device）カメラ。望遠鏡での利用については本書八一頁以下を参照。

2　磁気共鳴画像法（ＭＲＩ）…電磁波を用いて体内などの画像を撮影する方法。詳しくは本書一九七頁注1を参照。

東大では、「学術俯瞰講義」という分野横断的な講義を開催しているのですが、これは学部一、二年生を対象に、一つ一つの分野が他の分野とどうつながっていて、より広い学問領域のなかでどのような位置づけにあるかを把握して、学びへの動機を高めてもらうことを目的としています。少し刺激する意味で、とくに文系の学生に向かって「文理両道のすすめ」を行っているわけです。たとえば東大の文系には入試の数学で満点をとるような生徒がたくさん入ってきます。それが何年かたつと、自分の専門のことだけしかやらなくなって、知っていたはずの科学の知識をだんだん忘れてしまう。そうなる前に、知の大きな体系や構造を見せようということです。

大人になってからでも、物理学のような科学を学ぶ意味は大きいと思っています。科学を専門としない人が物理学などを学ぶ効用は、「常識がつく」ということではないでしょうか。たとえばエネルギー保存則[3]といった科学の原理に反するような超常現象の話を、怪しいと直観できるための常識です。それは健全な懐疑精神といってもよいかもしれません。

サイエンス・リテラシーというのはどの時代にもあったと思うのですが、その求められる質が二〇世紀になって劇的に変化したのではないでしょうか。かつては「理屈はわからないけれども、こうなるんだよね」という経験則としての技術があって、「じつはこういうことでした」と後から科学が解明するという流れが一般的でした。ところが、ある時代からその

順番が逆転して、科学的な発見が先にあって、そこから技術の応用が考えられていくようになった。原子力や有機化学などがそうで、物性科学はその典型です。

たしかに現代においては、その二つの流れが混在していますね。昔からうまくいっていた事象があって、その後から学問的にメカニズムが解明されることがある。一方で、基礎的な研究をやっていて思いがけずに応用の道が開けることもある。

一般の人々にとってのサイエンス・リテラシーというのは、前者のような流れをきちんと把握して、ある事象なり技術なりを科学の知識に立脚して見るということでしょう。そうすればオカルト的なものに騙されずにすむ。そして後者のような流れは、物理を専門とするような科学者にとっての研究活動のまさに醍醐味になると言えます。基礎的な研究の成果が技術として発達すること以上に、物質の性質が新たにわかるということ自体が「常識を破られる」という快感でもあると思います。

3　エネルギー保存則…「外部からの影響を受けない閉じた系では、その内部でどのような物理的あるいは化学的変化が起こっても、全体としてのエネルギーは不変である」という法則。無からエネルギーを創造し得ないことを示す原理。

身近なありふれた物質がとんでもない性質を示す。そういうことが起こるところに、物性科学の醍醐味があるんですね

物性科学の分野は、今後どのように広がっていくのでしょうか。

二〇一一年は、超伝導[4]の発見からちょうど一〇〇年でした。一九〇八年にライデン大学のカメルリング・オネス[5]という物理学者が、ヘリウムの液化に初めて成功しました。絶対温度[6]で四・二Kです。それを利用してさまざまな金属を冷却し、極低温での電気抵抗の測定を行ったところ、一九一一年に四・二K付近で水銀の電気抵抗が突然消滅することを発見しました。助手が「先生、どうも変です、電気抵抗がゼロになりました」と報告したのですが、「実験の間違いだろう、もう一回やれ」と指示したそうです。しかし何回やっても同じ結果になるので、現実に電気抵抗がゼロになったのだと気づいた。これが超伝導の現象を見つけた瞬間でした。

その後、いろいろな物質でも超伝導が起こることが発見されて、それらの物質を電線に利

用する技術ができて、それで強い磁石を作るといったことへと応用が広がりました。超伝導の発見からその応用まで五〇年かかっていますね。現在、線材としてはニオブチタン合金やニオブ錫合金が主に用いられています。

一九八六年に銅酸化物が従来に比べて格段に高い温度で超伝導を示すことが発見され、高温超伝導フィーバーが起こりました。高温というと誤解されるのですが、だいたい摂氏マイナス二〇〇〜一〇〇度ほどです。それでも液体窒素で冷やすことのできる温度ですから画期的です。ただ、たとえば送電などの大規模な応用を考えると、やはり室温でないとなかなか難しい。だから、高温超伝導の応用はまだ限られています。

物性科学で新たな現象が発見されて、それが実用化されるまでに二五年から五〇年ぐらいかかるということでしょうか。

それぐらいの時間が典型的ですね。一方で逆のケースもあります。たとえばハードディス

4　超伝導…ある種の金属、合金・金属間化合物を極低温に冷却したときに、電気抵抗が消失する現象。

5　カメルリング・オネス…一八五三―一九二六年。オランダの物理学者。ヘリウムの液化に成功、超伝導の発見など、低温物理学の先駆者として知られる。一九一三年にノーベル物理学賞を受賞。

6　絶対温度…原子・分子の熱運動がまったくなくなり、完全に静止すると考えられる温度を〇度と定め、目盛間隔を摂氏と同じにとった温度目盛。K（ケルビン）をつけて表す。摂氏t度、絶対温度T度の間には、$T=t+273.15$の関係がある。

クですが、いま格段に容量が増えていますね。一〇〇ギガバイトといったレベルの磁気ディスクの読み出しに使われているヘッドには、巨大磁気抵抗素子という素子が使われているのですが、それが発見されたのが一九八〇年代後半です。これはノーベル賞の対象にもなりましたが、非常に基礎的な物性が発見されて、それからもう数年のうちに実用化されています。このように数年で社会にフィードバックされるケースもあります。でも五〇年、一〇〇年とかかるものもあり、まったく実用に結びつかないものもある。実際に、学問的には面白くても、世俗的な意味で役に立つことはないだろうなというのは山ほどあります。

私は、東大ＥＭＰの受講生には、どんな分野であれ「それが何の役に立つのですか」という質問はしないでほしいと言っています。とくに物性科学のような学問分野における発見に対しては、それが発見されたことで物の見方や考え方が変わる、それだけでものすごいことだと思ってみてほしいんですね。

最初に周期表の話をしましたが、あらゆる物質は原子からできていて、世の中には一〇〇種類あまりの元素があるんですね。物質はこの元素をいろいろ組み合わせてできているのであり、その組み合わせはほとんど無限と言っていいくらいで、それだけの物質があるわけです。化学の分野でその存在が知られている物質は実に多い。しかし、物質としては知られて

いても、それが実際にどのような性質を示すかということがわからない、あるいは完全には調べられていないものはごまんとあるんですよ。ですから、調べていくうちに、あるとき宝の鉱脈に当たることもある。

そのよい例が超伝導体のMgB2（二ホウ化マグネシウム）ですね。これは二つのホウ素とマグネシウムからできたごく単純な物質で、当然ながらよく知られていました。ところが調べていくと、この物質がなんと絶対温度四〇Kで超伝導になることがわかったんです。もう一〇年以上前の話ですが、青山学院大学の秋光純教授[7]グループのところで、卒業研究の学生が発見したんですね。これは身近なありふれた物質がとんでもない性質を示すというケースです。そういうことが起こるところに、物性科学の醍醐味があるんですね。

これからも驚くべき性質を持った物質が見つかる可能性は広がっています。一つの物質でも、温度、圧力、磁場などのさまざまな環境を変えることで、まったく異なる性質を見せる場合がある。物質のなかでいったい何が起こっているのか、その理解を深めていくことに興味は尽きませんね。

アメリカの発明家であり、フューチャリストでもあるレイ・カーツワイル[8]という人がいます。「技術的特異点」ということに関して書いている人です。それはコンピュータと人工知能の発達により人類をしのぐ知能が現れて、近い将来人類がそれらに支配されるようになる

という考え方で、コンピュータが人類の知性を超えるときを技術的特異点と呼ぶわけです。これは一種の終末論なんですね。こういう見方について、どうお考えでしょうか。

残念ながら私はその本を読んだことはありませんが、近い将来にコンピュータが人間の知性を超えるとは思えません。いわゆる人工知能（ＡＩ）の発展に関して非常に強気の見通しが語られた時期がありましたが、研究が進むほど、むしろ人間の知性の奥深さが認識されるようになったと思います。技術の発達について言えば、たとえば「ムーアの法則」という有名なものがあるのですが、半導体の集積回路をどんどん小さくしていって、ある決まった面積にどれだけのトランジスタを作り付けられるか、つまりどれだけ情報を詰め込めるか、その集積度は約一年半ごとに倍増するという経験則です。まさに指数関数的に伸びてきて、現在もまだ進行中ですが、それがどこまでも続くわけではないのは少し考えれば当たり前のこととして理解できますね。集積度が伸び続けるということは、究極にはトランジスタ一個の大きさが原子の大きさになってしまうことであり、それはあり得ないわけです。どこかで集積度が頭打ちになるのは当然でしょう。

7　秋光純…青山学院大学理工学部教授。専門は固体物理（超伝導、磁性）。

8　レイ・カーツワイル…一九四八年—。アメリカの発明家、フューチャリスト。邦訳に『スピリチュアル・マシーン——コンピュータに魂が宿るとき』（翔泳社）、『ポスト・ヒューマン誕生——コンピュータが人類の知性を超えるとき』（ＮＨＫ出版）など。カーツワイルは『ポスト・ヒューマン誕生』（The Singularity Is Near, 2005）のなかで、この技術的特異点について議論を展開している。

微細加工によって作られる半導体素子の最小寸法は、現在すでに一〇〇ナノメートルとか、四〇ナノメートルといったレベルにきています。一〇〇ナノメートルで三〇〇原子程度です。そこまで小さくなっているのですから、やがて限界に達するのは明らかです。このようにサイズを小さくしてナノ構造を作製するというアプローチは、結局のところ単純な数の勝負になってくるのでそちらの限界は見えつつあるということです。

チームを組んで研究を行うこともあるが、それぞれが自分のテーマを持って研究している。個人の研究者が主体性を持てるという点は好ましい

物性科学の方法にはどのようなものがあるのでしょうか。知られざる物質を発見するという以外の方向というのはありますか。

物性科学の研究では、物質探しは一つのスタイルであって、もう一つには実験の技術を研ぎ澄ましていくというものがあります。たとえば、原子一個一個が見たいという要請に対して、電子顕微鏡の性能を極限まで追求したり、走査トンネル顕微鏡[9]という実験装置が開発さ

れたりしています。走査トンネル顕微鏡というのは、八〇年代半ばにＩＢＭのチューリヒ研究所で発明されたもので、八六年にノーベル物理学賞を授与されています。この装置は開発されるや、あっという間に実用化されて、いまではあちこちの実験室で利用されています。

それから加速器についても言えますね。一般的には加速器は素粒子の研究に使うというイメージがありますが、加速器から出てくる放射光を使って物質の性質を調べることも行われています。また、原子炉から出てくる中性子のビームを使う方法もあって、いまやありとあらゆる手法を使って物質の性質を探ることが行われています。

さらに他のスタイルとして、通常私たちが生きている世界とはかけ離れた環境、たとえば超高圧の条件を実験室のなかに実現して、そこで物質はどういうふうに変化して、どんな性質を示すのかを調べるという方法があります。強い磁場をかけたり、強い電場を加えたときの変化や性質の違いを調べるわけです。多くは物質のなかの電子やそのスピンの動きなどを調べる目的で使っています。

そういう分野のなかで、家先生はどのようなことを中心に研究をされているのですか。

9　走査トンネル顕微鏡…顕微鏡の針先の原子と物質表面の原子を一ナノメートル程度に近づけて、原子スケールの物質の凹凸を観察するというもの。電子顕微鏡よりも小さなものを見ることができる。

私が行っている研究テーマを一語で表すと、「量子伝導現象」の研究ということになります。電気抵抗というのは物質によって無限大（絶縁体）からゼロ（超伝導体）まで大きく変化する量です。さらに一つの物質でもそれが置かれる物理的環境、たとえば温度、磁場、圧力などによって、その電気抵抗が敏感に変化する例がいくつも知られています。そのなかで私は、半導体を人工的に加工して、ナノメートルの世界の構造を作り出し、そこでの電子のふるまいを調べています。この分野の研究の特徴は、物理的アイデアに基づいて対象を設計し、それらを高度な微細加工技術を駆使して人工的に作ってしまうところにあります。

たとえば超低温の状態で、二次元的な面に閉じ込められた電子に強い磁場をかけていくと、電子は独特のふるまいをみせるのですが、これなどは実に面白いわけです。磁場のないときとは運動の様子がまったく変わるんですね。しかも、「量子ホール効果」といって、電流を流したときに横方向に電圧が出てくるのですが、それが物質のいかんによらず、プランク定数[10]や素電荷[11]という物理学の基本定数を組み合わせた e^2/h という基本定数の整数倍にきちんとなってしまう。こういう不思議な現象があるんです。この発見には一九八五年のノーベル賞が贈られています。

そして、その電子は相互に作用しながら動いていて、強い磁場のなかで電子がとる状態というのが実にバラエティに富んでいる。電子が互いに結晶のような配置をとってみたり、あるいは一次元的に並んでみたり、秩序は持ちつつも液体状になったりする。磁場と電子密度を変えることによって、本当にいろいろな状態が出てくるんですね。二〇年以上の間、世界中でこのテーマの研究が行われていますが、いまだに新発見が続々と出てきています。

それはどのような実験を行うのですか。

基本的には、試料をものすごく低温にして強い磁場をかけて、電気抵抗などを測定するということですね。調べたいものによってはそこに光を当ててみたり、電磁波をかけてみたりということもします。一回の測定には数日というところでしょうか。微細加工をして試料を作るところから始めて、予備実験をしてトライアル・アンド・エラーを繰り返し、最終的に論文にまとめるというところまでを考えると早くて三カ月、半年から一年くらいかかる場合もあります。

そのくらいの期間で一つのサイクルが回るというのは、ある意味、大学院生にとってもいい条件ですね。

10 プランク定数…量子力学の基礎となる単位を示す物理定数。量子力学の創始者の一人であるマックス・プランクにちなむ。記号はh。

11 素電荷…電子の有する電気量の絶対値。電気素量。記号e。

そうですね。私も自分のことを言うと、物理学科で大学院に進むときに、素粒子物理学など他の分野も考えましたが、物性科学を選んだのは一から一〇まで全部を自分一人でやれるというところに魅力を感じたからです。試料を作って、測定して、論文にまとめるという一連の研究活動を一人で完結して行えるというのはいいことです。もちろん大型の加速器を使った研究などになるとチームを組んで行いますが、院生も、助教も、それぞれが自分のテーマを持って研究しています。個人の研究者が主体性を持てるという点は好ましいと思っています。

研究者でいろいろなやり方があるのですが、自分の場合、これがライフワークだといって一つの研究をしてきたわけでなく、そのときどきに面白いと思ったことをやってきた感じです。それでいくつもの研究をしてきたわけですが、多少なりとも一貫性があるとすれば、この量子伝導現象に関わっていたと言えますね。

今後、家先生の専門分野の研究はどんな展開になっていくのでしょうか。大きな方向性というのは見えているのでしょうか。

先ほどの話に登場した実験対象は、ある種の半導体のデバイスですから、応用が見出されるケースもあるでしょう。一つの大きな流れは「量子ドット」といって、微細加工でもって電子を閉じ込める領域を作って、そこに電子を一個ずつ入れたり出したりしているんですけど、それを情報処理に応用しようとしています。これは、量子コンピュータにつながる分野ですけれども、いま盛んに研究されています。

それから、もう一つ盛んなのは、「電子の多機能」に注目したものです。電子は、電荷を持っていて、スピンというのも持っているんですが、そのスピンの自由度も考慮した研究がされています。コンピュータのなかで、計算するところは半導体で、記憶するところは磁性体なんですね。いまは別々だけれども、スピンを利用して、磁性を持った半導体を作るということを試みています。つまり、計算と記憶を一体化したような、新しい機能を持ったものですね。量子コンピュータが実現するのはまだ先のようですが、スピン絡みの話は、けっこう早いのではないかと思います。

次世代のスパコンとなると、それを使いこなせる人の能力が必要になってくる。人材育成をいかにするかということが非常に大事です

少しもとに帰って、物性科学の方法論がどういうふうに進化したのか、その辺を教えてい

ただけるでしょうか。

少なくとも一九七〇年代頃までの物性科学のイメージというのは、中小企業や家内工業と似ていて、一つの研究グループがあって、そこで実験をやるという感覚でしたが、やはり分野の発達にともなって、大型装置、大規模施設を使うような研究の比重がどんどん増してきていますね。物性科学もある種のビッグサイエンスに比重が移っているんですけれども、宇宙物理学、あるいは素粒子物理学などと違うのは、そうした設備としては大型だけれども、そこで行われているサイエンスとしては、やはり思考様式としては、スモールサイエンスなんですね。

たとえば加速器のなかに放射光というのがあって、それに関わる施設に行って自分の研究テーマの実験をする。次に中性子に関わる施設に行って実験をする……、そういう形で、設備としてはいろんなものが必要ではあるんだけども、個々に行われている。それに対して、素粒子物理学なんていうのは、もう数百人が一つの素粒子を見つけるといって実験しているわけです。そういうスタイルとはまったく違うんですね。つまり、方法論の展開としては、そういう大型の実験装置の流れが一つあります。

もう一つは、コンピュータですね。その他のものと比べても、その発達は桁違いのすごさがあります。やはり計算能力の格段の向上によって、新しく開けた部分はすごくある。一九七〇年代後半、私が大学院生の頃はまず論文はタイプライターでした。ＩＢＭの電動タイプという素晴らしいものがあると言われていた時期でした。ですから、ワープロなんていうのはまだなかったわけです。実験室には、当然パソコンもなかった。七〇年代末に、私が物性研究所に助手として来たときに、大型のミニコンピュータが登場しました。ラックが三つぐらいあるような大きなものでしたが、能力としてはいまの電卓ぐらいしかなかったんですけども。プログラミングはアセンブリ言語というもので、紙テープで読み込ませていました。

間もなく八二年にアメリカに行って、ＡＴ＆Ｔベル研究所、そしてＩＢＭＴ・Ｊ・ワトソン研究所の研究員になった頃に、ちょうどＩＢＭがポータブルコンピュータというのを開発しました。だから、マイクロソフトのビル・ゲイツとＩＢＭが組み始めて、ＭＳ－ＤＯＳが出てきた時期ですね。ただ、そのころのポータブルといっても、なんと二〇キロもあってずっしりくる。アメリカ人はこれをポータブルというんだと当時思った覚えがあります。

八五年に日本に帰ってきたら、ＮＥＣのＰＣ９８のパソコンが全盛となっていましたね。ですから、パソコンが普及しだした頃に、私はそれで自動測定のプログラムをずいぶんと書きました。それによって実験がずいぶん効率的になりました。昔はずーっと機械についてメーターを読んでいたのが、セットさえすれば目を離してもいいというように、やり方も変わりましたね。それからは、パソコンはどんどん性能がアップしていきました。

九〇年代には、物性研究所に念願のスーパーコンピュータが設置されています。もちろん、それ以前から電子計算機システムがありましたが、そこで演算処理のレベルはさらに上がったと思います。

なるほど。スピードが上がる以外に、研究の方法で何か変わったことはあるのですか。

論文を書くという意味で最も変わったのは、インターネットの発達ですね。論文の投稿のしかたも変わりました。文献の検索も、昔は図書館に足を運んで、いろいろと偶然に出会った論文などありましたが、いまはネット上でできてしまいます。ですから、世界的な研究の競争もスピードアップしていますね。

でも世の中、同じようなことをやっている人は必ずいるもので、研究の結果が出てくるのは、けっこう同じ時期なんです。別に誰かが誰かのアイデアを盗んだというわけではなくて、まったく独立にやっていて、同じような時期に、同じような結果が出てくることはあるんですね。

スパコンと関係して、モデルシミュレーションの話になるんですが、たとえば原子構造などを調べるときに、モデルを作ってシミュレートして、それの作り直しをするという、そういう回転の競争になっていることはないのですか。

どうでしょうか。物性科学にかぎらず、大規模な計算機を使って研究する人たちというのは、むしろ計算の手法を開発するというところが勝負だという感じですね。既存の、もうできあがったプログラムを回すだけだったら、別に理論を書けなくても誰でもできます。ですから、いままでより桁違いの効率でいかに計算を行うかというような、手法開発が重要になってきます。たとえば、非常によくできたプログラムソフトを作れば、その人の名前の付いたパッケージとなって、いろんな研究で使われるようになる。そしてそれが業績や評価になるということもあります。

物性科学では、計算機を使う研究というのは、大きく分けると「多体問題のシミュレーション」と「第一原理計算」という二つなんですね。多体問題のシミュレーションというのは、複雑にからみ合う多数の電子の運動など、簡単には解けない問題を計算機の中で実験をしてしまうという手法です。第一原理計算というのは、物質のなかの電子とエネルギーの構造を見るとき、どういう原子がどういうふうに並んでいるかを決めたら、そこからエネルギーがどのように出てくるか、そういう計算を行うというものです。新しい物質が出てきたときに、それがどういう性質を持っているだろうかというのを計算機で全部計算し、最終的には実験と突き合わせるわけです。

それらの場合、もちろんコンピューティングパワーが競争に必要ですが、それよりも同じコンピューティングパワーで、どれだけ効率のよい計算をするか、つまりアルゴリズムを作るところの競争になりますね。

現実的には、どういうスパコンを使えるかということがあって、それに合ったアルゴリズムの開発をします。だから、次世代のスパコンとなると、それを使いこなせる人の能力が必要になってくる。やはり人材育成をいかにするかってことが非常に大事です。

ちなみに、スパコンのベンチマークテストで世界一位になっても、それだけではあまり意味がないんです。実際にどのくらいのスピードでやるのかというのは、ダウンタイム（システムが停止している時間）とか、段取り変えとかの要素も組み込まれるはずで、あのベンチマークテストは、ほとんど瞬間最大風速を比較しているようなものですね。まあ、もちろん一〇〇位では、やはりどこにも負けてしまうわけですが。

工学は社会の役に立たなければという意識がある。理学ではそういう考え方に対しては距離を置いている。理学部的な人間が最も共鳴するのは文学部の人間です

家先生は、大学教授のかたわら文科省（当時は文部省）の学術調査官[12]を兼務されていまし

た。現在は、文科省の科学技術・学術審議会専門委員[13]をつとめられています。国レベルの難しい問題に関わっていらっしゃいますね。

私たち研究者にとって非常に大事な研究資金である科学研究費助成金を担当する研究助成課で、一九九一年から二年ほど仕事しました。思えばそこで人生が狂ったのではないかと思います（笑）。研究者だけやっていればよかったのかもしれませんが、そちらの仕事も大事ですので、それ以来ずっと関わっています。

科研費というのは、長年改善を繰り返してきていて非常にうまく機能しているシステムだと思っています。通常、省庁からの研究費には、当然のことながらある種の政策的な目的がある場合が多い。それらのトップダウンの研究助成金に対して科研費はボトムアップと言っているのですが、研究者の側が純粋に自分のやりたい研究について計画のプロポーサルを出して、それをピアレビューといって同じ分野の研究者が評価をして、よいものを採択するという方法をとっています。

しかしながら現実には、何のためかという目的のはっきりしない研究への予算は認められにくいところがあります。財務省へ持って行っても「何だ、これは」と言われてしまう。そこで予算獲得のためにあれこれと理屈をつけて取ってこなければならないのが現状です。本来であれば、科学研究の予算は安定的に供給されて然るべきだと思うのですが、財務省の役人を説得できないと予算は取れないのです。研究に関してはそういう面があると思います。しかし、教育に関してはさらに施策が揺れ動いていて、「グローバルCOE」[14]の後に今度は「博士課程教育リーディング大学院」[15]構想というものが打ち出されて、予算的には大きなものではないにもかかわらず、教育現場を振り回すような事態になっています。日本の将来を担う人材育成のためにはもっとしっかりと予算をつけることが必要だと思うのですが、予算が少額のためかえって小さないけすで競争させるようなことになっている。リーディング大学院では、前のグローバルCOEとは全然違うことをやりなさいと言っているのですが、そうやって目先を変えないと財務省を説得できないというのが文科省の論理だとするならば情けない話ですね。こうした問題点は、教育現場の人たちはみな感じていると思います。

官僚は部門を移動していきますから、どうしても中途半端な知識しか持ちえないと思います。そうであるならば、文科省の役人に誰かアドバイザーをつけるといったことが行われて

12 学術調査官…学術調査官は科学研究費の審査や調査の業務を司る。現在、家先生は文科省の科学技術・学術審議会専門委員（文部科学大臣の諮問に応じて、科学技術の総合的振興に関する重要事項などを調査審議）をつとめる。

13 科学技術・学術審議会専門委員…文部科学大臣の諮問に応じて、科学技術の総合的振興に関する重要事項などを調査審議する。

14 グローバルCOE…日本の大学院の教育研究機能を強化し、世界をリードする人材の育成を図るため、国際競争力のある大学づくりの推進を目的とした文科省研究拠点形成等補助金事業。二〇〇七年度から実施。

15 博士課程教育リーディング大学院…優秀な学生をグローバルに活躍するリーダーへと導くため、産・学・官の参画を得つつ、専門分野の枠を超えた学位プログラムを構築する大学院教育を支援し、その形成を推進する事業。二〇一一年度から実施。

もいいのではないでしょうか。何らか現在の仕組みやプロセスを変える方法はないのでしょうか。

もう少し大学と文科省あるいは他の省庁との間に人事交流があってもいいのではないかと思いますね。学術調査官というポジションも位置づけがいま一つ曖昧で、いろいろな審議会に出席して意見は言いますが、その場限りになってしまうことが多い。研究者側も文句ばかり言っているのではなく、自らそういう調整の場に踏み込んで行ってコミットしたほうがいいですね。そうかといって、それで研究者人生が終わってしまうようなリスクを背負うわけにはいきませんから、難しいところです。

研究者としては、研究から離れて学術調査官のような任務を負う場合、二年が限度ではないかと思います。学術調査官としてひと仕事して戻ってこられるようなキャリアパスが大学の方に設計されていればいいのですが、そうでなければこれくらいの期間です。だいたい四〇歳そこそこで併任という人が多いですから、その時期の二年は大きい。

しかしそういった個人のキャリアの継続性の問題もさることながら、日本の学術調査において最も深刻な問題は、研究者の層の薄さです。つまり、学術調査官に有能な現役研究者を出してしまうと、研究現場が手薄になってしまうのです。学術調査官や学術審議官は責任ある職務ですから、研究室としてもいい加減な人を送り込むわけにはいきません。かといって功成り名を遂げた偉い先生に行っていただくと、今度はその先生の影響力が大きすぎてうまくいかなくなることも考えられます。やはり現役世代のいい研究者が行くしかないのです。

ただ、そのときのよい研究者というのは、研究としての高い実績をあげている人が必ずしも説明能力や評価能力において優れているとは言えないという面があるのではないですか。私がいた建築の分野では、建築の才能ある人がかならずしも説明能力や交渉術で強いわけではありませんでした。建築では普通の才能でも、相手を説得する技術や能力では並外れた強さを持った人がいました。そういう人が寄り集まってチームを作るといいのかもしれません。

そうですね。それは結局、研究者の評価のあり方に還元される問題です。いまは研究者の評価はほとんど一元的で、学問的業績以外の能力を評価する軸がないのです。ですから、並外れた説明能力を見出して引っ張り上げる余裕はないです。

そのあたりの価値観に関していえば、建築のような工学部系の分野と、理学部のしかも物性科学のような基礎科学系の分野とでは違いがあるかもしれません。理学部と工学部では、同じことをやっていても話してみると基本的なボトムのところの価値観が違うことによく気づかされます。工学はやはり社会の役に立たなければという意識があると思います。一方、理学ではそういう考え方に対しては最初から距離を置いている。ですから、理学部的な人間が最も共鳴するのは文学部の人間です。かたや工学部と医学部はさまざまなところで共鳴します。

しかし、やはり企業の研究所の研究員などに比べれば、大学の研究者たちはマネジメントといった概念から遠い集団なのだと思います。企業の研究者は、企業に入社する時点である種の覚悟を決めます。ところが大学の研究者はそういう覚悟を決めるチャンスのないままずっと人生を送っていくのです。極端な話、自分が何で給料をもらっているかを考えたこともない人もいるのではないでしょうか。そういう人たちによって構成される組織をどのようにデザインするかを考えていかなければなりません。やはりマネジメントを育てる仕組みは何かあってもいいと思います。それから研究者たちが省庁や企業と連携するときの方法をどのように組み立てるべきか、そうしたことも含めて、大学のシステムをもう少し考える必要がありますね。

知と思考力5——ものの見方の変化

東大EMPの受講生の間で難しい講義のトップにあげられるのが物性科学の講義である。「つるつるの壁」と表現する受講生もいる。何とかかじりつきたくても、爪すら引っかからないという意味のようだ。わかりにくいのも無理がないとも言える。実は、この物性科学は日本が世界の最先端を行っている分野である。アメリカが一時期、予算を減らしたことで研究者が減ってしまい、その回復に手間取っているらしい。

学問的研究への資金の配分は自由裁量の世界であり、その判断基準は見つけにくい。かといって、「何の役に立つのか」という判断基準を単純に当てはめてよいわけではない。このように研究テーマへの資金の配分は日本に限らず、世界の主要国も悩ます問題である。そのような国レベルでのポリシー問題に家先生は関わられたようで、その現実的な解決策の見つけにくさをインタビューのなかでも語られた。それは日本の科学研究の戦略と絡んだテーマである。そして最も困ったことに、その解を導き出せるような戦略立案の能力を訓練された人材が少ないにもかかわらず、その人材を供給するシステムがないという問題が存在する。

家先生の専門分野である物性科学はわかりにくいのは確かだが、実際には、私たちはその研究成果を日常、あらゆる分野で活用している。半導体や超伝導、各種のメモリー装置などをはじめとして、現代生活のデジタル化を支えている大半の装置が、物性科学の発展の賜物なのである。要するに「役に立っている」のだ。しかし、家先生の話にあるように、研究成果のすべてが実用に結びつくわけでもない。研究者は自分の知的興味と好奇心でテーマを選択している。家先生もご自分の研究におけるわくわく感を語られた。

一方で、たとえば対話の中にあったメーザー、レーザーの発見から実際に幅広く活用されるまでに数十年かかっているように、研究成果がすぐに「役に立つ」ようになるわけではないという面もある。それは技術開発に時間がかかるというより、何に使うのかという用途がそう簡単に見えないということだ。科学的発見や解明は時代と関係なく起こりうる。したがって、時代が追い着いてきて、その用途を見つけるまでに時間がかかる。そういう意味でも「何の役に立つのか」ということで判断できない。しかし、世間はついついそういう質問を発するのである。

その背景にはサイエンス・リテラシーの欠如という問題が存在する。このことに対する認識はこれまで全然なく、いまも十分ではない。しかも、サイエンス・リテラシーの欠如に対する危機意識が広がっているとは言い難い。たとえば先端科学において、実証実験が難しい分野ではモデル・シミュレーションが活用されている。そのシミュレーション回数が世界において競争になっている現在、スパコンが不可欠であり、そのスピードの差が研究の競争において有利、不利を大きく左右する。「一位でないといけないのですか」という奇妙に有名になった質問の後、スパコンの持っている重要度の理解が、一般大衆はともかくとして、識者の間に広がったようにも思えない。「すみません、私は文系でして……」という言い訳はできないくらい、いまの時代はサイエンス・リテラシーが、いろんな分野での賢い判断と意思決定に必要になってきている。たとえば、原子力発電の安全性の評価の問題などがその典型である。3・11以降、原子力の分野を総合的に理解している人がいかに少ないか、それが明らかになった。誰もが部分の専門家なのである。しかし、「はじめに」で述べたように、分野間の相互連鎖がいま、急速に進んでいる。原子力という分野を総合的に知るだけでは十分ではない。生物学、気象学、地震学、建築学、地理学、そして心理学など絡んでいる問題であることを3・11の経験は示したのではないだろうか。

そう考えると、サイエンス・リテラシーとは個人の能力を超えるという見方もあり得るだろう。当然そうである。しかし、そういってみても、この課題は解決しない。私たちに必要なのはある種の態度や姿勢であり、心構えである。難しくてわからないことをはじめから諦めて避けるのではなく、たとえ物性科学が「つるつるの壁」であってもかじりついてみることを繰り返し、「わからないが、わかった」という奇妙な感覚、オクシモロン（矛盾撞着語法的）な感覚になれることが必要なのではないかと思う。そのような感覚が東大EMPで家先生の他、数人の物性科学の先生方の講義を聞いた後の受講生の反応に現れている。「何かがちょっとわかったような気がする」、「わからないけど面白い」、「大枠としてわかったからもっと知りたい」などの反応である。最低限のところで、わからないことに驚かなくなり、拒否反応もなくなっていく。

筆者自身、家先生の興味の分野のお話がわかるとはとても言えない。しかし、ご本人が何に驚き、何に面白がっているのかということは生き生きと伝わってくる。そして、家先生の個性、価値判断などが影響する様子も興味深い。サイエンスの分野には冷徹な真実のみがあるのではなく、個人の好みの仮説、偶然の発見、思いがけない展開などに満ち満ちているのだ。その結果、新たな研究成果が世に問われたとき、最も大事なのはその新たな事実が「役に立つか」ということより、それを知ることによって、私たちのものの見方、ひいては世界観が影響を受けることにある。そして、そのような世界観の変化がじわじわと社会の変化につながっていくのであろう。そのためには、こういう科学研究の実態に積極的に触れて、いっそう興味を持つことだ。それがサイエンス・リテラシー獲得の第一歩である。

（横山禎徳）

自分のなかの美意識が
科学者の個性をつくり、
突き進む先を選ばせている

「何を」よりも「どのように」という問題意識

東京大学大学院総合文化研究科教授
言語脳科学
酒井邦嘉

Kuniyoshi Sakai

東京大学大学院総合文化研究科教授．／1964 年生まれ．東京大学理学部卒業，同大学院理学系研究科博士課程修了．理学博士．東京大学医学部第一生理学研究室助手，ハーバード大学医学部リサーチフェロー，マサチューセッツ工科大学言語学・哲学科客員研究員を経て現職．／専門は言語脳科学．研究テーマの一つは，fMRI（機能的磁気共鳴画像法）やMEG（脳磁図）などの先端的物理計測技術を用いた，人間を対象とする脳機能の計測と解析．もう一つは，言語を中心とした高次脳機能のメカニズムの解明．人間の言語の特性である「普遍文法」の機能分化と機能局在を明らかにするため，言語の脳機能イメージングを行っている．／著書に『言語の脳科学』（中公新書），『科学者という仕事』（中公新書），『脳の言語地図』（明治書院），『脳を創る読書』（実業之日本社） など．／2001 年に第 1 回日本神経科学学会奨励賞，2002 年に第 56 回毎日出版文化賞，2004 年に第 19 回塚原仲晃記念賞を受賞．

言語能力と脳のメカニズムの解明に挑む気鋭の脳科学者。

その研究によって日本神経科学学会奨励賞、塚原仲晃記念賞に選ばれるなど大きな注目を集める。

一方で『言語の脳科学』という著作が毎日出版文化賞を受賞し、その啓蒙活動も高く評価されている。

こうした成果を生み出す背景には、どのような思考法があるのか。

科学的な発想や思考、問題を見つけるセンス、科学における手法の勘所というのは、すべての分野に共通している

言語を研究するというのは、それを生み出す人間の心のはたらきを探ることです。突き詰めれば人間の認知や創造性の謎に迫るわけで、そこは理系や文系といった従来の枠を超えた研究領域となりますね。そういう領域に進むのは科学者としてはリスクもあったのではないでしょうか。この世界に入られたのはどのような経緯からだったのですか。

脳の研究は、二〇世紀後半から急速に発展を始めました。遺伝子のレベルから、記憶や学

習などの個体レベルの脳機能にいたるまで、その対象はさまざまです。私は「言語の脳科学」を中心とした研究を行っています。言語は、脳における最も高次の情報処理システムです。私たちが言語を用いて発話したり、他人の発話を理解したりするとき、それは脳のどのようなシステムによって実現されているか、そうした問題に取り組んでいます。

東大の一年生だったとき、物理学を専攻したいと考えていたのですが、二年生になる直前に、生物に興味を持ちはじめました。生物界の多様性を物理のような基本原理や法則の積み重ねによって理解できたら面白いと思うようになったのです。それまで物理学一辺倒だった物の見方がどんどん変わっていったのを、いまでもよく覚えています。そこで、物理学科に進学して生物の勉強ができないものか、と考えはじめました。すると「生物物理学」という物理の一分野があることがわかり、物理学科に進んだのです。

思えば風変わりな進路選択でした。でもその自由さが心地よかった。学部の三年生以降は、物理の必修科目以外は他学部・学科の聴講の枠をフルに使って生物系の講義を受けていました。一人だけ違う学科の生徒ですから友達はいないし、ノートも借りられない、過去問ももらえない。でも見ず知らずの学生に混じって、分野横断的に講義を受けるのはちょっとした冒険でもあり、楽しかったですね。

もともと学問の境界領域に興味がありました。博士課程ではそのスタイルがさらに高じて、物理学科に籍をおきながら医学部の生理学教室で本格的な脳研究を始めました。当時の生物物理学では筋肉の研究が中心でしたが、私は脳神経の本格的な研究がしたくなりました。それで医学部の門を叩いたのです。

いろいろ模索するなかで脳の高次機能に惹かれるようになり、生理学教室ではニホンザルで視覚記憶のメカニズムを研究しました。「見る」ことから心の現象がどのように生み出されるのか、大脳皮質にある一つ一つの細胞を調べることでそのメカニズムを解き明かそうと考えたのです。

ちょうどその頃、ＭＲＩ（磁気共鳴画像法）[1]装置を用いたｆＭＲＩ（機能的磁気共鳴画像法）が登場して、生体を傷つけずに脳機能のイメージングができるようになりました。生きている人間の脳の活動を、外から直接調べられるようになったわけで、研究のアプローチが大きく転換します。これは画期的なことでした。「そうか、それなら私もサルではなくこれからは人間の脳を相手に研究しよう」と思い、一九九五年にＭＲＩの技術が最も進んでいたアメリカに留学しました。ところがまだまだ試行錯誤の状態で、装置はあるけれどもそれを使いこなす技術も未熟、研究体制も未整備という状況でした。思い描いていたようには研究も進まず、そんななかで、次の手をどうやって探すべきかいろいろ悩んだ時期がありました。

1　ＭＲＩ（磁気共鳴画像法）…Magnetic Resonance Imaging の略称で、高磁場とラジオ波パルスを用いて体内などの画像を撮影する方法。ｆＭＲＩ（機能的磁気共鳴画像法）は functional Magnetic Resonance Imaging の略称で、ＭＲＩを利用して脳の血流量の変化を測定し、活動中の脳の部位を可視化する。

一九九五年にアメリカに留学しますが、言語学者ノーム・チョムスキー[2]と出会います。それが「言語の脳科学」という新しい領域に進むきっかけとなったのでしょうか。

私が所属していた東京大学の生理学教室と、マサチューセッツ工科大学（ＭＩＴ）の言語学・哲学科とが、国際共同プロジェクトを立ち上げることになったのです。私が悶々としているという話を聞きつけた宮下保司[3]先生が、「じゃあ、酒井君、行ってみる？」と声をかけてくれて、「はい、行きます」と二つ返事で応じました。そうしてチョムスキーと出会い、言語学と出会ったわけです。

二つ返事で応じたといっても、「言語」というテーマが自分のなかで固まっていたわけではないんです。いくつかあるテーマの一つという感じでした。なので、新しい分野に飛び込んでみようという素直な気持ちで、ＭＩＴの言語学・哲学科に行ってみたんですね。そこでわかったのは、人間の言語の多様性を基本原理から説明しようとするチョムスキーの言語学はまさに物理そのものだ、ということです。感動しましたね。これこそ自分が求めていたテーマだと確信できました。私はようやく自分の目指す方向とぴったり合うテーマを見つけました。

それまで紆余曲折があったように思います。とはいえ、逆説的には明確にテーマを決めて

いなかったおかげで、ぴったりと合うテーマにめぐり会えたということですね。

そのとおりです。実際に私は、アメリカに行く前に二回、行ってからも二回、大きくテーマを変えました。新しい分野で面白ければまずやってみようということです。研究者の中には大学や大学院で始めた研究が、一貫して将来のライフワークとなっていく人もいます。それはとても幸運なことですが、そうならなくてもまったくかまわない。その過程で、どのように研究するかを学ぶことができたとしたら、それは研究者として最大の財産になるのではないでしょうか。

私は、「何を研究するか」(what) より「どのように研究するか」(how) という問題意識のほうが重要だと思っています。研究者を目指す多くの人は、「何を研究するか」がいちばん大切だと考えているかもしれませんが、まず、「どのように研究するか」を十分体得したうえで、「何を研究するか」を考えたほうがいいと思います。

科学的な発想や思考、問題を見つけるセンス、それから科学における手法や手技の勘所というのは、すべての分野に共通していると考えています。それらの考え方や方法論をしっか

2 ノーム・チョムスキー…一九二八年—。アメリカの言語学者。言語の科学的なアプローチとして生成文法理論を提唱する。著書に『統辞構造』『文法理論の諸相』など。グローバル資本主義を批判するなどの政治的発言でも知られる。

3 宮下保司…一九四九年—。東京大学医学部(生理学第一講座)教授、東京大学理学系研究科(生物物理学)教授併任。主な研究領域は、認知記憶の大脳メカニズムなど。

り身につけておけば、どんな分野の研究もできることになります。逆に、「何を研究するか」ばかり追っていると、その分野に固執したり安住したりで、異分野からの発想を取り入れることが難しくなってしまうかもしれません。現実的には、そういう柔軟なスタイルで研究を続けるのはかなり勇気のいることかもしれません。でも、そうしてきたおかげで、私は「言語脳科学」に出会うことができたのです。

話を戻しますと、言語学チームとの共同プロジェクトに臨むさいに決めていたのは、「サルでは研究できないような人間の研究をしたい」ということだけでした。でも、どういう方向にその可能性があるのかがわからなくて悶々としていたんです。人間の言語というのは、まさにサルでは研究できないものですよね。

たとえば、湯飲み茶碗を一目見た瞬間、私たち人間は、「お茶」「飲める」「熱い」「陶磁器」といった概念が言語として脳を駆けめぐります。これは、人間以外の動物が視覚をはたらかせて見る脳のプロセスとは本質的に違うものです。ｆＭＲＩを使えば、そのときに人間の脳のどの部分がどのようにはたらいているかをとらえることができます。そこで、言語の研究が自分の求めていた問題意識と合致したんです。

先人の理論に対して、間違っている部分は捨てて
新たな仮説や概念を加えていく。
そうやって積み上げていくのがサイエンスの方法です

知の巨人、チョムスキーと実際に話をしてどうでしたか。もともと言語学の知識はお持ちだったのでしょうか。

チョムスキーと話をしてショックを受けましたね。ＭＩＴという工科大学に、言語学というアメリカでも人文系に属する分野がきちんと存在していて、チョムスキーが教鞭を執っているということがじつに面白いと思いました。東大では、理系に進学したらそのコース内で言語学を選択するというオプションはまずゼロでしたからね。世界的にも珍しいことです。

そのときの私は、言語学の知識は一般教養さえほとんどない状態でした。チョムスキーが生きているということに驚いたくらいです。そんな状態で飛び込んでいった学生にも、チョムスキー先生は分け隔てなく面会して質問に答えてくれました。アポイントメントをとって質問リストを用意して会いにいくんですが、あまりにも多くの人が来るため、予約がとれる

のがだいたい二カ月先、時間は三〇分という枠でした。ですから、ちょうど話が佳境に入った頃に秘書の方が来て、次の人に代わるように言います。しかもチョムスキーは非常に声の小さい方で、授業でも一生懸命聞いていないとわからないのですが、あるときには運悪く教室の外で道路工事をしていて、その大音響に邪魔されて、英語のハンディもあるし、非常にきつい状況のなかで必死に質問をしたことを覚えています。

ただし声は小さくとも、こういう考え方は間違っているということを説明するときなどは、非常に真剣な姿勢でエネルギッシュに説明されるんです。ものすごい情熱と誠意に満ちた人です。直に接することができただけでも得るものは大きかったと思っています。

当時、MITの言語学科に私のようなバックグラウンドの学生はほとんどいなかったですね。やはり基本的には言語学者の集団ですから、脳科学をやっているとか、物理学をやっているという人はいませんでした。でも、脳に興味を持つ言語学者が少しずつ出始めていたんです。それまで理論的に机の上だけで考えていた彼らが、少し脳の実験もやりたいなと思い始めていた。

私から見ると、言語学者が脳の実験に興味を持ち始めているということ自体、とても興味深いものがありました。逆に当初は、脳科学からの言語の研究といいながら、やっていることは単語を見せて脳の反応を調べるだけだったので、それでは言語の研究とは言えないということを初めて叩き込まれました。脳科学者は、きちんと言語学を勉強しなければならない

と自覚しました。期せずしてその両方が出会ったということです。

「言語には普遍的な法則がある」というチョムスキーの「生成文法理論」は、物理学者からみると検証不能な仮説に思われなかったのでしょうか。当時、具体的にはどのように検証されようとしていたのですか。

チョムスキーにとっては、人間の言語に普遍的な特性があるという仮説は十分に検証できる見通しのあるものでした。チョムスキーの言語学は、徹底して物理学をモデルにしてつくられており、できるかぎり普遍的な法則や説明を見つけようとすることを目標としています。言語の多様性という謎に対して、より普遍的な一つの説明を与えようとしたのです。私が彼の言語学に一発で引きつけられた理由もそこにあります。

最初にチョムスキーが提案するのは、人間の「発話」という言語現象を分析する方法です。「私は学校へ行きます」は正しくて、「私へ学校は行きます」というのはおかしい。誰もが瞬時にわかるこの現象を、なぜ後者がだめなのかをきちんと説明する理論をつくろうとしたわけです。そこには精妙な文法性があり、それがまず指標になるだろうと。できるかぎり余分な要素を排除していって、言語の根幹となる文法の法則性を明らかにしたい。それをまずは英語で徹底的にやって、仮説としての理論を鍛え上げれば、その法則は日本語でもロシア語でもハンガリー語でも……あらゆる言語に当てはまるはずだと考えたのです。万が一当てはまらない言語が出てきたとしたら、そのときはそこで理論は覆されるので、もう一度仮説と検証を新たにやり直そうと。チョムスキーはその仮説—検証のサイクルを回そうとしたのであり、つまり言語研究を科学にしようとしたのです。

二番目の検証の方法は、「言語獲得」の分析です。幼児がどうやって人間の言語を覚えるのかを見ていこうというわけです。幼児に何が与えられて何が与えられないかを検証していけば、その理論が提案する変数を決めていくことになる。その変数を決めるために、どれほどの刺激が必要なのか、幼児の言い間違いを親がどこまで修正しているのかといったことを徹底的に調べれば、おそらく検証に耐えられるだろうと考えたのです。ただし、この方法は実際にはあまり進みませんでした。やはり難しすぎるんですね。幼児は驚くべきスピードで言語を獲得していくので、入力と出力のデータだけから帰納的に理論を構築することはほとんどできませんでした。

しかしこのことから導かれる仮説は、幼児は言語を教わって覚えるのではなく、それは生得的に備わっている能力とみるべきではないかということです。そこでチョムスキーは、人間がどんな母語であっても数年という短期間でその言語体系を習得できるのは、後天的に言語データを入力する「言語獲得装置」が予め脳に存在すると仮定し、その構成原理を「普遍文法」と名付けたのです。

その頃アメリカには、先住民族のネイティブ・アメリカ諸語の研究[4]も興っていたと思いますが、そうした言語もすべて普遍文法でカバーできるという直観があったということでしょうか。

チョムスキーは生い立ちからしても、父親がヘブライ語の研究者という家庭環境で育っているので、人間の言語のどこまでがユニバーサルかといったことは英語やヘブライ語の対比を通して感じ取っていたんだろうと思います。普遍文法についても、かなり早い段階で確信を持っていたのではないでしょうか。その意味では彼の理論は、幼少の頃から家庭のなかで培われた、言葉に対する洞察力によるところが大きいと思います。

なんとしても普遍文法を見つけ出すんだという覚悟は最初からあったと思いますね。言語には見える部分と見えない部分があることを、彼は最初から想定していました。言語の本質は、「意味」などの見える部分にあるのではなく、見えない部分にこそあると考えていた。見えない部分の奥深くに言語の根幹をなす法則があって、それを取り出すことを目指したわけです。だから「意味」など見える部分を思いきり切り捨てることができたんですね。こうした考え方は、意味の伝達にこそ言語の本質があると考えている人たちにとっては、理解を超えていたことと思います。

チョムスキーがいまでもさまざまな誤解を受けているのはそのためかもしれません。見える部分を切り捨てていくと、導かれる仮説はどうしても抽象化されますからね。だからわかりにくく取っつき難い印象を与えてしまうのでしょう。しかし、言語のような複雑な現象の本質に迫る場合、考えるべきことは、余分なことを考えないということでもあります。いろいろなことに心を奪われていると、本質になかなかたどりつけない。切り捨てることによって物事の本質が見えてくるし、近づくことができる。そうなると、大事なのは何を切り捨てるかという見極めになるのです。その見極めには才能が必要です。先ほどチョムスキーには類まれなる洞察力があったと言いましたが、それは、本質以外を切り捨てるさいに最大限発揮されたのでしょう。彼には、言語というものを大胆に抽象化し理想化する力があったのです。

そうしたことを理解せずに、「チョムスキーは間違っている」と批判しても、そんな議論からは何も生まれません。言語研究にかかわらず人文系の学問分野では、ある学者の仮説が全面否定されたり、反対に権威になってしまったりするような極端なことがよく起こりますが、私からみるとそれはたいへん残念なことで、どちらも発展がさまたげられます。サイエンスではそういうことはしません。古典力学にしても熱力学にしても、後世におい

4　先住民族のネイティブ・アメリカン諸語の研究…生成文法理論が登場する以前は、インディアンなどの言語を記述して、分類する研究がアメリカで主流であった。

ては修正を余儀なくされますが、間違っている部分は捨てて、新たな概念を加えていくという発展のサイクルが回ります。たとえば古典力学ではエーテル[5]の存在を仮定した部分は間違っていたわけですが、だからといって「ニュートンが間違っている」という人はいません。熱力学でも、カルノーの間違いはクラウジウスによって修正[6]されますが、やはりカルノーの考え方そのものが否定されることはない。先人の理論に対して、修正しなければ先へ進めない部分が出てくれば、その部分は捨てて新たな仮説や概念を加えていく。そうやって積み上げていくのがサイエンスの方法です。このように生成文法理論も、科学的な作業仮説と考えればよいのです。

脳科学だけでなく言語学をやっていなければ、実験のアイデアは浮かばなかったかもしれません

酒井先生は、生成文法理論という人間の言語を説明する仮説に対して、脳科学から実証しようとしているわけですが、ｆＭＲＩなど新しい技術を研究手法に用いることで、どのようなことを解明されているのですか。

「言語の脳科学」の中心的課題は、どんな文法処理が脳のどこでどのように計算され、表現されているかを明らかにすることです。その what と where と how を明らかにすることが最大の研究テーマなんです。

これまでわれわれは、脳のなかで文法を処理している場所が「ブローカ野」に存在することを証明しました。左脳にある前頭葉の「下前頭回」の一部分です。ブローカ野は発話の中枢と考えられていたのですが、じつは文法処理の中枢であることがわかったのです。そこでわれわれは「文法中枢」と呼ぶことにしました。

最初の実験では、英語を母語とする参加者に対して、二つの言語課題の比較を行いました。一つは綴りの間違いを見つけるテスト（たとえば①）で、もう一つは文法的な語順の間違いを見つけるテスト（たとえば②）です。

① The manager askeed about Will's use of the funads.
② The manager asked about use Will's of funds the.

5　エーテル…一九世紀までの物理学で、光を伝えるために必要と思われた媒質。
6　カルノーの間違いはクラウジウスによって修正…一八二四年、カルノーは温かい物体から冷たい物体への熱素の移動が動力の源であることを唱えた。クラウジウスは「熱素」の存在を否定しながらも、「低温から高温へ熱を移し、他に何の変化もおこさないようにすることはできない」とする熱力学第二法則を確立した。

ｆＭＲＩによる測定の結果、このような文を読んで判断しているときに、大脳皮質の言語野（図のブローカ野とウェルニッケ野）に強い活動を引き起こすことがわかりました。さらに、文法課題と綴り課題の活動を比べたところ、ブローカ野の一部だけに明確な差が現れました。①と②のように原型が同じ文を使っているので、ブローカ野の活動の差は、文法の間違いを見つけるメカニズムを表していると結論できます。

ここからわかるのは、文法の処理が脳の機能としては局在しているということです。そのことが証明されることで、言語のはたらきは一般的な記憶や学習だけでは説明できないユニークなシステムであるというチョムスキーの言語学の主張が裏づけられたことになります。

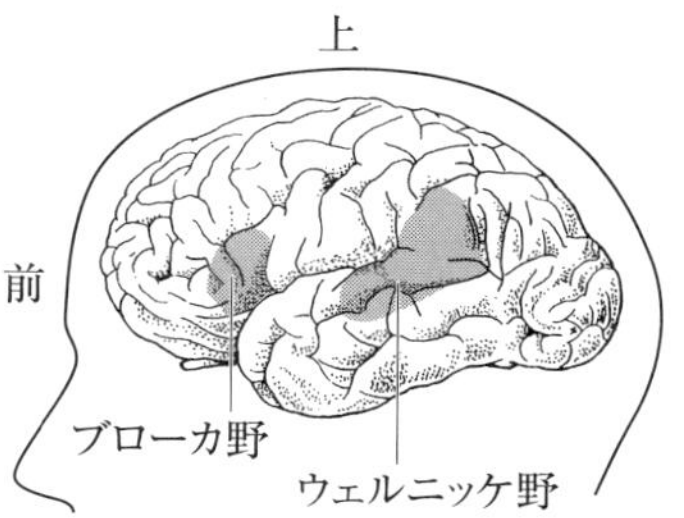

大脳皮質の言語野

さらに、文法中枢は二つあることがいまはわかっています。それぞれに文のパターンに対する処理が少しだけ違うんです。それらの部分に損傷があると文法障害が起こるのですが、その障害のパターンが、能動態と受動態など文型によって差が出るわけです。能動文より受動文のほうが当然、文法の負荷が多くかかります、さらに使役などもそうですね。それら文型の違いによって、どうやら使い分けているらしいというところまではわかってきました。

使い分けながら、二つの部分は相補的にはたらいています。

言語のうち、文型による違いのような複雑な点を調べるまでには、試行錯誤があったと思われます。具体的には、どのような実験方法を行ったのですか。

最近使っている課題は、絵と文をセットで出して（絵と文のマッチング課題）、絵と文の内容が一致していれば右のボタン、間違っていれば左のボタンを押してもらうという子どもでもできるテストです。実験で用いているのは、自動詞文（例：○と□が走ってる）、能動文（例：○が□を押してる）、受動文（例：□が○に押される）、かき混ぜ文（例：□を○が押してる）の四種類の文型について比較しました。それぞれの文型における文法負荷の増大に伴い神経活動がどのように変化するかをｆＭＲＩにより計測するのです。

実験では、二人の人物により動作場面を表す絵と文を提示します。四種類の文のうち受動文とかき混ぜ文は非正規的な構文であり、他は正規的な構文です。文型以外の条件は、絵、文字数、音節の数、記憶の負荷、課題の難易度もきちんと統制し

□を○が押してる

かき混ぜ文

□が○に押される

受動文

て、文型を判断する以外の余分な要素をできるだけ排除します。○や□などを使わずに、「警官が泥棒を捕まえる」とすると、絵や文で判断する前に、「警官」や「泥棒」という単語だけで状況を推測してしまいますよね。そうした文脈の手がかりも一切与えません。

こうした条件での脳の活動をｆＭＲＩで計測した結果、受動文のような文法負荷の高い文を処理する際に、左脳前頭葉の「下前頭回三角部」で有意な活動の上昇が確認されました。この領域は文法中枢の一つですから、その部分が統語処理を行うときに選択的に使われていると見ることができるのです。実験の結果に個人差はなく、参加者に共通して脳の同じ場所で活動の差が認められます。受動文より能動文の方で脳活動が高くなる人はいませんでした。

おそらくこれは文化の違いなどに関係しない普遍的な脳の活動なんですね。チョムスキーの言っていることの意味がここにある。ただ、われわれも実際にやってみるまでは、こんなに単純な実験で脳活動の差が認められるとは思ってもいませんでした。脳科学だけでなく言語学をやっていなければ、このアイデアは浮かばなかったかもしれません。「文法的な負荷」というものをどうデザインするかが鍵でしたね。

科学者にとっての個性は、やはり信念であり、もっとわかりやすく言えば美意識だと思います

そうした実験のアイデア一つとっても、サイエンスも人間の考えることであるかぎり、そこは個性の世界ですね。仮説のつくり方にも、実験のデザインにも、研究者の個性がどこかに出てくるのではないですか。

たとえば、地動説の発見をコペルニクス的転換といいますが、コペルニクスは根底に敬虔な神学者としての認識があって、天体は神によって完璧につくられたのだと考えていたわけです。それに対してケプラーは同じデータを見ながら、もっと理論的に解釈しようとして楕円軌道に到達した。ケプラーのほうを評価すべきと思うのですがどうでしょう。

科学的思考も突き詰めれば、一人ひとりがどのように考え、それが他の人とどのように共有されるか、ということです。客観的に対象を研究しているといっても、そこには自然に対する認識の仕方としての個性や主観が投影されるのは当然のことです。

コペルニクスとケプラーについても、そのとおりと思います。実際に、ケプラー自身がコ

ペルニクスを批判している記録があります。コペルニクスはデータを無理やり自分の考えに近づけているところがある、と指摘しているんです。

同じデータを見ても解釈の仕方は十人十色ということも確かにあり、導かれる結論つまり仮説は人それぞれになっていきます。結果的に同じような仮説に至る場合でも、そこまでのプロセスはそれぞれの個性が投影されます。

一方で、霊感のようなひらめきで正解に導かれることもある。二〇世紀という科学全盛期を通して、実際に私たちは、科学者の予言が的中する現場を何度も見てきました。ただ、それらもあらゆる可能性の中から、彼らがその仮説を選んだからこそ正しい予言ができたということなのです。

たとえば、湯川秀樹[7]の中間子にしても、当時の風潮としては、電子と陽子と中性子が出てくればもう十分で、中間子なんて余分なものは要らないと思われていました。そのなかでやはり中間子は非常に重要だと、湯川先生はその考えを捨てなかった。陽子と中性子という、電気的にも万有引力でも結びつかない二つのものが結びつくためには、必ず何か媒介する粒子があるだろうと考えたのです。その信念をもとに計算してみると、電子の二〇〇倍くらいの重さを持った粒子が存在するのではないかという結論に達する。そうやって湯川先生は自分の仮説に基づく解釈を自然界に与えたわけです。

その提案に基づいて、宇宙線（宇宙から降り注いでくる粒子）の中にそれに当てはまるものがあるだろうかと、初めてみんなが本気で探し出した。ところが不幸なことに、最初に見つかったμ（ミュー）粒子は陽子と相互作用しないため、湯川は間違ったと思われた時期もありました。その後π（パイ）中間子が見つかり予言どおりだったことが明らかになります。それが核力を媒介している中間子だとみなが納得し、その後も中間子のような性質を持つ粒子がたくさん見つかってきたわけですね。湯川先生は、見えない部分に自分の直感で論理を超えるような発想で突き進んで、こういうことが自然界には起こっているかもしれないということを理論的に提案していきました。こうしたプロセスこそ大切であるということを、私は物理学から学んだんです。

これも湯川先生の個性なのでしょう。科学者にとっての個性は、やはり信念であり、もっとわかりやすく言えば美意識だと思います。研究者は自分がテーマとすることをわかるかどうかに人生をかけているので、真理に対しては職人的なこだわりがあります。研究者は、意識しなくても自分の研究に対して明確な美意識を持っているはずです。アインシュタインの自然に対する見方の厳密さもまさに彼の美意識なのでしょう。自分のなかの美意識が科学者の個性をつくり、突き進む先を選ばせているといえるかもしれません。

考えてみれば、「選ぶ」というのは誰もが小さい頃からやっていることですね。以前、あ

7　湯川秀樹…一九〇七—八一年。理論物理学者。原子核内部において、陽子や中性子を結合させる媒介となる中間子の存在を予言。一九四九年に日本人初のノーベル賞を受賞。

るインタビューを受けて、子どもの頃に誰の偉人伝を読んだかといった話題になり、私はキュリー夫人やベートーベンが一番気に入っていたと話したら、「それは酒井さんが選んだのですよね」と言われてハッとしました。本棚に並んでいた偉人伝シリーズには、たしかにリンカーンやフランクリンやガンジー……とさまざまな偉人たちがいました。その中で、私が選んだのは政治家ではなかったということです。

そういう選択を、その人の美意識にまで高めるのは、詰まるところ好奇心だと思います。科学者を育てるには好奇心を育てなければならないともよく言われます。個性は教えられないとしても、好奇心を教えるにはどうしたらいいのでしょうか。

私は大学で教えていて、好奇心とはこういうものですと学生に教えるのは不可能だと思っています。といいますか、そんなことを大学で教えるようではもう遅いんじゃないですか。

私自身は、学生の頃、物理学科にいながら発生生物学の講義に出て、いつも先生を質問攻めにしていました。講義が終わると先生をつかまえて、自分の中で説明のつかないことを納得いくまで聞きました。たぶんその先生は、動物学科の学生は何も質問しないのに、なぜあの変な物理学科の学生ばかりが質問してくるんだと思っていたに違いありません。それはひとえに私の好奇心によるものでした。質問をやめることができないんです。

自分がそんな学生だったので、いま教壇に立つ側になって、自分がわくわくするような話を、たとえば先ほどのケプラーの楕円軌道の発見に至るまでの苦闘を、こちらは熱く話すんですが、それを聞いて目を輝かせている学生は全体の一部です。

はたして子どもたちの好奇心は、どのようなかたちで育っていくのか。それは私の研究の課題でもあります。脳の発達をテーマにしていますから。これはまだ検証はできていないのであくまでも仮説ですが、一〇代前半が大事だと踏んでいます。その時期に、どれくらい意識的に考えているか、また考えることをどれほど喜びと感じているかが、その人の知的好奇心のカギとなるというのが私の考えです。

一〇代はじめは、感動したり面白いと思ったりすることが自然と伸び伸びとできる時期でもあります。自発的に、本能のように好きなものを選び、のめり込むことができるのはその時期しかないですよね。一〇代の終わり頃は、一つのことにのめり込むことに対して、無駄だとか不安だとかいった感覚が知らず知らずのうちに芽生えてきます。そうなる前に、一回どんなことでもいいので偏った興味をもって、深みにはまる経験をしておくべきなのだと思います。

教育というのは、知識を教えるのではなく、考えてもらうことが大事なんです。知ることよりも、考えてわかるという深い理解に至るプロセスが重要なのです。大学が知識を教える場でしかないとしたら、早晩存在理由はなくなりますね。現に、講義ノートも資料もすべてインターネットにアップされる時代ですから。大学で講義を初めて受ける理系の新入生に、「将来大学院に進学して研究者になりたいですか？」とたずねると、ほとんどの学生が手を挙げます。ところが、この貴重なモチベーションを持ち続ける学生は少ないのが現実です。無味乾燥な講義が彼らのモチベーションを奪ってしまっているのだとしたら、大学の教員の責任は重大です。

インターネットではできないような体験をさせなければなりません。考えさせて、導いて、なぜこう考えるかの手がかりを与えて、とにかく考えることを十分に体験させることが、一〇代のぎりぎり最後を過ごす大学では求められていると思います。

研究者は、物事を自分でわかるプロですから、人にわからせる術をよく知らないのですよ。研究者の永遠のジレンマです

考えるということを楽しんでできる、あるいは本能的に自分の興味のあることにのめり込んでいけるという資質は、家庭環境などにもよるのでしょうか。

私は、家庭環境というより、本に頼る部分が大きかったです。高校のときにアインシュタインがものすごく好きになって、まさにヒーローでした。アインシュタインとつく本を片っ端から読みました。でも、どれだけ読んでもわかった気がしない。なぜだろうと思っていたところ、アインシュタイン自身が書いた一般向けの『わが相対性理論』という本を読んだときに、初めて本当にわかった気がしました。これは衝撃的でした。それ以来、本を読むなら他人による解説書ではなく、本人が書いたものに限ると思っています。

私は、自然科学も好きだけれども、自然科学者もすごく好きなんです。どんな顔をしていたのか、どんな文章を書いたのかといったことも含めて、それらが渾然一体となってその科学者の個性を形成しているからです。アインシュタインは、晩年に自伝（『自伝ノート』）も書いていますが、これは傑作ですよ。四、五歳の頃の出来事として、父親から磁気コンパスを見せてもらったときの衝撃的な体験が書かれています。手にした方位磁針がいつも北を示すのを見て、物事の背後には見えない力が働く世界があると思い、そのことが不思議でたまらなくなったというのです。そのくだりに私はしびれるわけです。

問題は、相対性理論についての知識を伝えられても、そういったアインシュタインの個性に触れるわくわく感をわからせるのが難しいことですね。

研究者は、物事を自分でわかるプロですから、人にわからせる術をよく知らないのですよ。新しい研究をするということは、新しいことをどんどん吸収して、自分にわからせることです。ある意味で、それが好きな人、止められない人たちが大学に残って研究を続けているのです。

そういう人たちが、学生から「先生、わかりません」と言われたとき、相手のわからないという状態がまずわかりません。優れた研究者になればなるほど、どんどんジャンプしてわかっていく鋭い理解の仕方を個性として持っている人が多い。だから、うんと嚙み砕いて初心者に教えなければならないというのは、時に苦痛でもあるのです。ふだん、親身になって学生のわからないことに寄り添うといった経験をしていなければ、なおさらです。それは、研究者の永遠のジレンマです。

再帰性というのは、人間の創造力の源でもある。人間は再帰的に計算できる脳を獲得したことで、大きくジャンプした

先ほど美意識ということをおっしゃいましたが、酒井先生は音楽や絵画にも興味を持って

いらっしゃいますね。脳科学から音楽や絵画をみると、それは言語に対するときとは全く異なるアプローチになるのでしょうか

いま私が考えているのは、「言語」も「芸術」も脳からみたら同じ能力ではないかということです。歌を歌ったり絵を描いたりすることは本能ではありませんから、たしかに音痴もいれば、絵が下手な人もいる。しかし、音痴でも歌うことはできるし、下手でも絵を描くことはできます。それらの能力の根底にあるのは、言語と同様に、新しいものを構成していく創造的な能力なのです。

たとえば、〈私は　オレンジを　食べる〉という文はどのように構成されているでしょうか。それは主語・目的語・動詞が一列に並んでいるのではなく、実はその奥に隠れた「木構造」でつながっているのです。〈オレンジを　食べる〉という目的語と動詞の関係は、まず一つの述語をつくっているわけです。この述語の頭に〈私は〉という主語が結びつくことによって、さらに階層が増えています。脳の文法中枢では、この言語の木構造を計算して処理しているのではないかと考えています。

目的語の代わりに動詞の前に副詞をつけて、〈私は　一生懸命に　走った〉としても同じ構造です。形容詞と名詞の関係や、副詞と動詞の関係も含めて、すべて言語の木構造によって計算されます。人間の脳は、この構造をくり返し計算することで、いくらでも階層を増やせるようになったのです。このくり返し計算のことを、「再帰的計算」と言います。階層はこんなふうに無限に増やせます。〈これは　ジャックの建てた　家にあった　麦芽を食べた　ねずみを殺した　猫をくわえた　犬〉です。子どもがよくやる言葉遊びで、文末に再帰的に文をつけ加えることで、いくらでも続けられます。こうして得られた文がどんなに長くても、最初の代名詞の〈これ〉は、必ず文末の名詞を指すわけですから不思議ですね。

人間の言語というのは、このように入れ子になっている一つひとつのものをさらに上のものに入れていくということで計算できる。これがまさに人間の本質的な言語能力だとチョムスキーは考えたんです。再帰性は、人間が創造する芸術にも見られ、たとえば、ベートーベンの交響曲などにも、再帰的な枝分かれの構造を見つけることができます。

言葉は経時的ですね。音楽もどちらかといえばそうです。しかし、人間の創造には、経時的でないものもあります。たとえば、建築や絵画はフリーズしている。それでもやはり同じように再帰的計算ということがいえるのですか。

絵画でいえば、キャンバスを与えられて何を考えるかとい

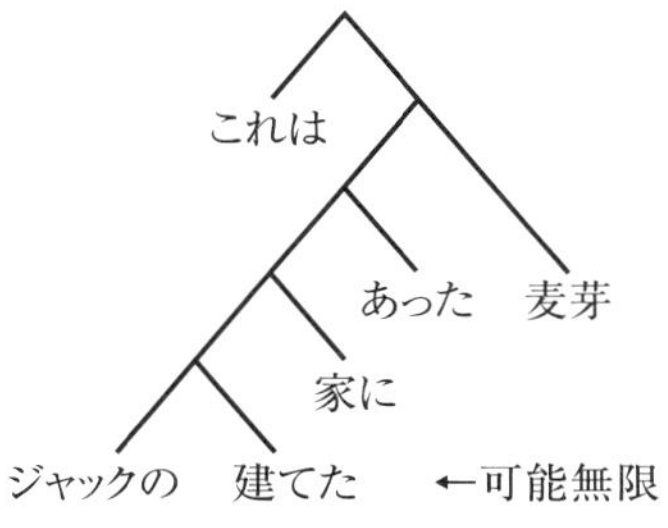

再帰的な言語の木構造

うと、たとえば地平線を引いて、こちらが近景で向こうが遠景と区別することからすべてが始まります。近景のなかにさらに近いものと遠いものがあって、遠景においても同様に近い景色と遠い景色があってというふうに、入れ子的に構成されていきますね。つまり、絵画にも、再帰的な構造がある。フラクタルと呼ばれる枝分かれのくり返しは、自然界が生み出すもっとも基本的な構造なのです。建築においても、フロア、ユニット、セクションというように、それぞれの部屋の使い方を決めていくには入れ子的な人間の能力が発揮されますね。

再帰性というのは、人間の創造力の源でもあるわけです。動物にはこの能力がありません。人間は再帰的に計算できる脳を獲得したことで、大きくジャンプしたのだと考えています。これは、言語や芸術にかぎらず、人間が創り出すものすべてにおいて見られることです。道具の利用を考えても明らかです。チンパンジーは石ころをうまく利用して実を割ったりできるので、人間のように道具を使う能力をもっていると思われがちですが、人間はそのような道具をつくるための道具をさらにつくることができるのです。木を削るためにナイフをつくり、ナイフをつくるためにハンマーで鉄棒をたたく。加工のための機械をつくり、その機械をつくるための工作機械をつくるわけですからね。人間が進化の過程でいつ頃この能力を獲得したのかは、現在地球上に生きている動物だけを調べてもわかりませんが、非常に興味深い問題です。いずれにしても、人間と他の動物との違いが再帰性にあることは確かです。

チョムスキーの仮説も、検証する段階で次の仮説が出てくることはあり得ます。逆に今後一〇年たってそれが出てこないようではだめでしょうね。私の考えでは、人間の見方において理系的なものと文系的なものがちょうど折り合いがつくあたりが最終ゴールかなと漠然と思っています。脳科学は脳からすべてを説明しようとすることでは一元論に立たざるを得ないのですが、単純な一元論では説明できません。かといって脳と心のような二元論にしてしまえば済むという話ではないので、そのあたりのところに本当の解があるのだと思います。

人間の進化の過程で、言語を獲得することはどのように生存の足しになったのでしょうか。

私は、進化論においては、「何のために」というのはほとんど考えなくていい問題だと思っています。最近では中立説[8]が認められつつありますので、言語も自然淘汰に対して有利でも不利でもないものとして残っているのではないでしょうか。言葉を使うことが単純に有利になるとは思えない。「口は災いのもと」という諺もあるくらいで、言葉によって誤解が生じたり喧嘩になったりしますからね。

8　中立説…中立進化説とも言う。分子レベルでの遺伝子の変化の多くは、自然淘汰に対して有利でも不利でもなく（中立的）、遺伝子の変動による突然変異の遺伝子群が進化をもたらすとする説。

しかも言語は常に変化しています。よく若者の言葉は乱れていると言われますが、これも時間的な変遷の一端ととらえるべきなのでしょう。次の世代はさらに乱れるかもしれませんが、それが人間の言語というものの宿命ですから、別に心配しなくともよいのです。言語の変遷もまた、脳の持つ創造力に秘密があるのだと考えています。実に奥深い世界ですね。

知と思考力6——仮説の検証

酒井先生が米国で師事されたノーム・チョムスキーは、筆者にとって大変懐かしい名前である。中学から高校にかけて『言語生活』（筑摩書房）という雑誌を購読していたが、ある号にMITのチョムスキー教授が、どちらかというと記述言語学というべきこれまでの言語学から脱却し、仮説検証型の自然科学的言語学を提唱しているという記事が載った。その仮説とは、「言語には表層構造と深層構造があり、深層構造は世界のすべての言語に共通な数学的な構造であり、深層構造を表層構造に結びつけるのが生成変形文法である」ということであった。わからないなりに大変ショックを受け、言語学が魅力的になりそうだと感動したことを覚えている。

当然の成り行きとして、コンピュータを使った自動翻訳の新しいアプローチがありうることになる。すなわち、英語から直接日本語に翻訳するのではなく、英語の表層構造から生成変形文法を使って深層構造に変換し、それをもう一度、日本語の表層構造に変換するというアプローチである。深層構造は数学的構造だからコンピュータ処理に向いているというわけだった。しかし、この試みは成功しなかった。深層構造を具体的に提示できなかったからである。その後、筆者はチョムスキーに興味を失った。

今回、酒井先生との対談で、思いがけずチョムスキーに「再会」することになった。酒井先生の語るチョムスキーはある部分、昔と同じだが、その後の仮説と検証の繰り返しを通じて変貌を遂げていた。「深層構造」は「普遍文法」に名前を変えただけではなく、その存在はより確実になっていっているようであった。

言語学とはとても面白い学問分野である。言語という人間が持っている不思議な能力を理解しようということは、多くの人にとって好奇心の尽きないテーマである。たしかに他の動物や、鳥、昆虫もコミュニケーションはしている。それを言語と呼ぶのであれば、言語は人間だけが持っているものではない。しかし、抽象的な概念を表現できるまでの高度な文法を持っているのは人間だけだろう。そのテーマを言語で説明しようとすることは自己言及的であり、限界があるように思う。自然科学的言語学といわれるチョムスキーのアプローチも、その仮説が圧倒的な魅力を持っていると同時に、その仮説を言語で証明することはできそうにもない。すなわち、言語以外のアプローチが必要なのだ。

その意味で、酒井先生の脳科学の方法論はきわめて当然のアプローチと言えるだろう。しかも、fMRIの出現で解剖学的アプローチではなく、生体の脳の活動を直接調べることができるようになったのは画期的である。技術の進歩が、科学の仮説検証を進歩させるというケースである。

世間で「文系」「理系」、あるいは「人文系」「理工系」という言い方が存在する。これは別に日本だけのことではない。欧米でも「ヒューマニティ」と「サイエンス」を分けていることは一般的である。西洋の世界観にある「人間」対「自然」という二元論の反映であるのかもしれない。しかし、そのような分け方は人間が勝手に作ったのであり、自然界がそのように分かれているのではないことは当たり前のことである。東大ＥＭＰではできるだけ文系、理系という世間の「常識」を壊したいと思っている。すなわち、分けて考えないという姿勢である。

そのような世間のいうところの文系、理系の融合として適しているのは、まさに言語学であり、それを追求しているのが酒井先生のアプローチなのである。しかし、まだ世界的にもこのようなアプローチは難しいようだ。酒井先生と同じような研究を進めている学者は一握りくらいしかいないということであった。このような未知の、分野として確立していない、先達もあまりいない分野で学問的成果を出せるかどうかを考えると度胸を出しにくいらしい。そこに酒井先生はチャレンジしておられる。そういうことを平気でできるのも学者の個性、人間性であり、あらためて学問や研究のあり方、追求の仕方は多種多様なことに気づかされるのである。

（横山禎徳）

編者紹介

東大EMP
（東京大学エクゼクティブ・マネジメント・プログラム）
横山禎徳

The University of Tokyo Executive Management Program

東京大学がこれまで培ってきた最先端かつ多様な知的資産を資源とし，マネジメントの知識や幅広い教養を駆使して人類の蓄積を自在に使いこなす，高い総合能力を備えた人材を育成しようとするプログラム．次世代のリーダーになるべき人材を対象に，東京大学独自の発想に基づいた「唯一無二」のプログラムを組み立て，一層多極化し，複雑化する世界においても通用する課題設定と解決の能力を身につける「場」を提供する．2008 年 10 月の開講以来，大企業だけでなく，中小・ベンチャー企業，そして行政機関，プロフェッショナル・ファーム等から受講生の参加を得る．

Yoshinori Yokoyama

東大EMP（東京大学エグゼクティブ・マネジメント・プログラム）企画・推進責任者，イグレックSSDI代表取締役，オリックス，および三井住友銀行，三井住友FG社外取締役，健康医療開発機構理事，二次電池社会システム研究会理事，低炭素社会戦略センター上席研究員，東京大学プレジデンツ・カウンシル・メンバー，国会東京電力福島原子力発電所事故調査委員会委員．／1966年に東京大学工学部建築学科卒，ハーバード大学デザイン大学院都市デザイン修士，MITスローン経営大学院経営学修士．前川國男建築設計事務所（東京），およびデイビス・ブロディ・アソシエーツ（ニューヨーク）において建築デザインに従事．1975年にマッキンゼー・アンド・カンパニー入社，日本企業，および海外の企業に対する収益性改善，全社戦略立案・実施，研究開発マネジメント，組織デザイン，企業変革，企業買収・提携等のコンサルティングを行なう．同社ディレクター，東京支社長を経て2002年定年退職．現在は社会システム・デザイナーとして住宅供給システムや医療システムのデザイン等の具体的作業を通じて「社会システム・デザイン」の方法論開発，普及に注力．／著書に『成長創出革命』（ダイヤモンド社），『「豊かなる衰退」と日本の戦略』（ダイヤモンド社），『アメリカと比べない日本』（ファーストプレス），『循環思考』（東洋経済新報社）など．

構成・文――田中順子
写真――ART
アートディレクション――渡邊民人（TYPEFACE）
装丁・本文レイアウト――小林祐司（TYPEFACE）

所属は二〇一二年五月現在のものです。

東大エグゼクティブ・マネジメント
課題設定の思考力

2012年5月25日　初　版

[検印廃止]

編　者　東大《とうだい》EMP・横山禎徳《よこやまよしのり》

発行所　財団法人　東京大学出版会
代表者　渡辺　浩
113-8654 東京都文京区本郷7-3-1 東大構内
http://www.utp.or.jp/
電話　03-3811-8814　Fax 03-3812-6958
振替　00160-6-59964

印刷所　株式会社理想社
製本所　矢嶋製本株式会社

ISBN 978-4-13-043051-7　Printed in Japan